# 基于人力资源大数据的就业形式综合分析研究

李明奎◎著

吉林科学技术出版社

**图书在版编目（CIP）数据**

基于人力资源大数据的就业形式综合分析研究 / 李
明奎著. -- 长春：吉林科学技术出版社，2022.12
　　ISBN 978-7-5744-0103-7

　　Ⅰ. ①基… Ⅱ. ①李… Ⅲ. ①就业－研究－中国
Ⅳ. ①D669.2

　　中国版本图书馆 CIP 数据核字 (2022) 第 244347 号

# 基于人力资源大数据的就业形式综合分析研究

JIYU RENLIZIYUAN DASHUJU DE JIUYE XINGSHI ZONGHE FENXI YANJIU

作　　者　李明奎 著
出 版 人　宛　霞
责任编辑　李红梅
幅面尺寸　185 mm×260mm
开　　本　16
字　　数　191 千字
印　　张　8.5
版　　次　2024 年 7 月第 1 版
印　　次　2024 年 7 月第 1 次印刷

出　　版　吉林科学技术出版社
发　　行　吉林科学技术出版社
地　　址　长春市净月区福祉大路 5788 号
邮　　编　130118
发行部电话/传真　0431-81629529　81629530　81629531
　　　　　　　　　81629532　81629533　81629534

储运部电话　0431-86059116

编辑部电话　0431-81629518

印　　刷　北京四海锦诚印刷技术有限公司

书　　号　ISBN 978-7-5744-0103-7
定　　价　80.00 元

# 前　言

　　人力资源是当今企业最重要的资源之一，人力资源管理是企业最重要的管理职能之一。随着信息技术的飞速发展，移动互联网、大数据、人工智能等新技术将人类社会带入了一个崭新的时代，这使人力资源管理工作充满了新的机遇和挑战，也推动着人力资源从业者进一步思考如何把握机遇，迎接挑战和改革创新。作为企业战略实施和价值创造的重要一环，人力资源管理将在未来发挥越来越重要的作用。

　　人力资源管理是指在经济学与人本思想指导下，通过招聘、选拔、培训、报酬等管理形式对组织内外相关人力资源的有效运用，满足组织当前及未来发展的需要，保证组织目标的实现与成员发展最大化的一系列活动的总称。它是预测组织人力资源需求并制订人力需求计划、招聘选择人员并进行有效组织、考核绩效和支付报酬并进行有效激励、结合组织与个人需要进行有效开发以便实现最优组织绩效的全过程。

　　本书针对人力资源大数据分析研究，全面介绍了人力资源管理的内容、方法、实践、大数据的获取与整理、大数据在企业人力资源管理中的应用。本书结合人力资源的招聘、培训考核、绩效管理、薪酬福利等，探讨人力资源的各项管理以及大数据化服务建设的展望。本书通俗易懂，对人力资源管理相关内容的论述详细，使读者能够从理论上获得指导和引导。同时兼顾系统性，并将科学的体系与实践相结合。本书既适合高等院校学生了解人力资源管理的理论和实务，也适合各类社会组织管理者尤其是人力资源管理工作者阅读。

　　本书在撰写过程中，广泛地吸取了前人的研究成果，得到了许多专家和学者的帮助与指导，在此表示诚挚的谢意。由于作者水平有限，加之时间仓促，书中难免有疏漏之处，希望各位读者多提宝贵意见，以便进一步修改，使之更加完善。

李明奎

2022 年 9 月

# 目　录

# 第一章 大数据与人力资源管理的综合分析

## 第一节 人力资源数据分析的意义

### 一、人力资源管理为何需要数据分析

人力资源管理历经了三个阶段，分别是人事管理阶段、人力资源管理阶段和战略人力资源管理阶段。

其实，不同管理阶段对数据分析的需求不同，人力资源管理发展的三个阶段分别对应了三个层次的数据分析需求，具体如下。

人事管理阶段：这个阶段需要对基本数据进行整理、统计，比如计算薪酬、记录考勤、统计加班信息、分类统计人员信息、编制薪资报表等，是对原始数据进行的基本运算，属于数据的粗加工。

人力资源管理阶段：这个阶段在对数据粗加工的基础上，需要统计更为复杂的指标，用于分析和反映人力资源管理水平，诊断管理的健康程度。这些指标涉及人力资源管理的各个模块，比如招聘成功率、员工流动率、培训百分比、工作负荷率、企业年轻化程度、劳动生产率等。经过几十年的发展，人们总结了不少指标，从类别上划分，大致可以分为人力资源效率指标、人力资源发展指标、人力资源描述指标、人力资源健康指标四类，还形成了人力资源统计学、人力资源会计学等学科。这个阶段开始对数据进行精加工，主要研究和提炼管理指标，通过计算各种指标对数据进行分析。

战略人力资源管理阶段：这个阶段将人力资源效能与公司发展战略相结合，形成人力资源发展战略，进入战略管理阶段。这个阶段需要分析人力资本的投入和回报、人力资源在企业的影响力、人力资源如何促进公司战略目标的实现等更高层次的命题。这个阶段需要更为复杂的统计指标和分析技术，在分析指标上重点研究人力资本在企业中发挥的作

用，并根据需要建立管理分析模型，在分析技术上采用更为高级的概率统计分析方法。

综上所述，人力资源管理人员应与时俱进，结合当前人力资源管理的发展趋势，加强对数据分析知识、技能、工具的学习，提高数据分析水平，将数据分析的知识和技术应用到人力资源管理实践中，提升管理水平，促进公司战略目标的实现。

## （一）数据分析是人力资源管理发展的趋势

在人力资源管理方面，若干信息化系统已被用来辅助管理，包括员工档案管理系统、培训管理系统、在线培训系统、员工素质测评系统、绩效考核系统等。人力资源管理人员对这些管理系统产生了依赖性，而这种依赖性实际上也成为当前人力资源管理的特征，依据目前的趋势来看，这些管理系统还会逐步向移动终端发展。

计算机管理系统每天都会产生大量数据，如何充分利用这些数据来提升人力资源管理水平，已成为人力资源管理的重要课题。这些数据就像原材料，人力资源管理人员现在只进行了粗加工，实际上可以进行精加工，更加有效地利用这些数据，为我们提供更有价值的信息。

现代计算机技术的发展、大数据技术的发展、数据挖掘技术的发展，以及数据分析工具的普及，都为高级数据分析技术在人力资源管理领域的应用提供了良好的土壤，也对人力资源管理工作提出了更高的要求。那些看上去复杂、神秘的数据分析技术和昂贵的数据分析软件曾经阻碍了数据分析技术在管理领域的广泛应用，但是现在形势已经发生变化，数据分析的技术和工具不再高高在上、遥不可及。现代人力资源管理领域应在实际工作中充分利用这些技术和工具，创新管理手段，提升管理水平。所以，数据分析是人力资源管理发展的趋势。

## （二）数据分析体现人力资源管理人员的技术刚性

对人力资源管理人员来说，要额外学习计算机和统计学知识确实有难度，但对于这些知识其实只需学习基础内容即可，难度系数并不大。比如学习 R 语言，只需要掌握语法和数据结构等基础知识就可以应用了。R 语言基本上采用函数编程，很多算法模型只涉及几个函数，设置相关参数就可以建模，其用法与 Excel 的函数用法差不多，上手会比较快。统计学方面的学习也无须专门研究算法原理，可以把算法当作黑匣子，只需要学习算法的输入、输出和适用条件等基础内容足矣。

改变人们的刻板印象是相当难的，数据分析恰好可以成为改变印象的重要元素。这是因为数据分析代表了较高的知识和技术含量，具备技术刚性，一旦将人力资源管理与数据分析技术相结合，某种程度上也提高了人力资源管理本身的技术刚性。学习数据分析对人力资源管理人员来说是非常必要的。

### （三）数据分析能够为人力资源管理者提供强有力的决策支持

当然，人力资源数据分析最重要的作用还是给企业管理层提供决策依据。如果数据分析只用于人力资源管理本身，只用于提高人力资源管理的水平，则显得过于狭隘。若数据分析能给管理层提供有用的信息，帮助公司做出正确的经营决策，才真正体现了数据分析的价值。

比如，分析各个分公司的人力资源管理效能，分析分公司在人力资源管理投入和产出上的差异，再结合行业对标数据，对下一年的人员配置、工资分配提出相应的优化方案，将分析和方案提供给管理层，那么管理层就可以根据这些信息决定是否调整公司的经营指标和预算，更合理地给分公司下达经营任务等。这其中数据分析的内容就成为重要的决策依据。

### （四）数据分析是人力资源管理的刚性需求

日常工作中，各种总结、报告都会用到数据分析，虽然目前数据分析的层次还有待提高，但实际上数据分析已经是工作的一部分了。人力资源管理六大模块中，人力资源规划、招聘与配置、培训与开发、绩效管理、薪酬福利管理等模块都以数据为基础，这些模块每天都会产生大量数据，加上各种管理系统及其存储的数据，可以说人力资源管理人员就是围绕数据在工作。另外，公司每个季度的经营分析会都有人力资源分析，其中包含大量的数据分析，如人工成本、工资总额、人员流动情况等，都需要用数据来说话。所以，进行数据分析并且不断提升数据分析水平是人力资源管理的刚性需求，是人力资源管理人员必须做的工作。

## 二、人力资源数据分析有什么特点

### （一）数据分散性

人力资源数据分析的特点之一就是数据分散性。人力资源管理人员需要的数据都分散在相关人员、相关部门或者外部网络、机构中，在分析时需要花不少力气来收集、整理。

特别是经营数据，涉及市场、财务等部门，这些部门可能会出于某些原因拒绝提供数据，所以数据收集具有一定难度，即使收集了也不一定能获得理想的效果，给人力资源管理人员进行数据分析带来了一定的难度。

### （二） 数据相关性

人力资源数据分析的另一个特点是数据相关性。这种相关性体现在与业务数据相关、与经营数据相关、与外部数据相关等方面。

比如，人力资源的业务数据中，培训、薪酬、绩效数据都是基于员工的，是员工产生的数据，彼此是相互联系的。

人力资源数据也受到经营数据的影响，比如，当公司经营效益好时，员工薪酬会上升，培训费用会增加，会多招聘员工；当公司经营效益不好时，则员工薪酬、培训费用下降的可能性较大，还可能会裁员，这说明人力资源数据和经营数据也是相关联的。

### （三） 非标准化数据

人力资源数据缺乏统一表征，从统计指标、统计口径到计算公式都缺少统一的标准。这个特点和财务数据形成了鲜明对比。财务数据标准化程度相当高，比如，常见的资产负债表、利润表、现金流量表这三张报表的统计指标、口径、计算公式都是有统一标准的，每家企业都按照相同的标准来计算和分析。对比起来，人力资源的数据则缺乏规范化管理。

首先，统计指标没有标准。比如，分析人工成本投入和产出，既可以用百元人工成本创利、百元人工成本创收，也可以用劳动分配律、人事费用率、人工成本占总成本费用比等指标，具体用哪些指标需要企业自己选择，所以不同企业可能有不同算法。

其次，统计口径没有标准。比如，最常见的劳动生产率，有些企业的统计口径是以与公司签订了劳动合同的员工来计算，有些企业则将其与派遣员工合并计算，还有些企业可能将外包业务员工也统计进来。

## 三、大数据和人力资源管理的关系

### （一） 人力资源数据是大数据吗

人力资源的数据还算不上大数据，大数据的特点是数据量大，达到 TB 甚至 PB 级别。

其中，1 TB 等于 1 024 GB，1 PB 等于 1 024 TB。大数据要用专门的工具来管理和分析，比如用分布式系统架构来管理，而现在的数据更多的是用 Excel 来管理。大数据包括五个基本方面的内容。

1．数据挖掘算法

大数据分析的理论核心就是数据挖掘算法，各种数据挖掘的算法基于不同的数据类型和格式才能更加科学地呈现出数据本身具备的特点，正是因为使用这些被全世界统计学家所公认的统计方法，才能深入数据内部，挖掘出数据的价值；正是因为有这些数据挖掘的算法，才能更快速地处理大数据。如果一个算法要花好几年才能得出结论，那大数据的价值就无从谈起了。

2．预测分析能力

大数据分析最重要的应用领域之一就是预测性分析，从大数据中挖掘出数据的特点，建立科学的模型，之后便可以输入新的数据，利用模型对可能发生的事情进行预测。

3．可视化分析

大数据分析的使用者不仅有大数据分析专家，还有普通用户，他们对于大数据分析最基本的要求就是可视化分析，因为可视化分析能够直观地呈现大数据的特点，同时能够非常容易被读者接受，就如同看图说话一样简单明了。

4．数据质量和数据管理

大数据分析离不开数据质量和数据管理，高质量的数据和有效的数据管理，无论是在学术研究领域还是在商业应用领域，都能够保证分析结果的真实性和价值性。

5．语义引擎

大数据分析广泛应用于网络数据挖掘，可从用户的搜索关键词、标签关键词或其他输入语义，分析、判断用户需求，从而实现更好的用户体验和广告匹配。

数据挖掘算法、预测分析能力、可视化分析这三项是大数据的精髓，是反映数据价值的关键，只有通过数据挖掘、预测和呈现，才能充分发挥数据的价值。而这三项和数据的大小没有太大关系。

从技术上看，大数据使用的技术包括以下八个方面。

（1）数据采集

将分布的、异构数据源中的数据，如关系数据、平面数据文件等，抽取到临时中间层后进行清洗、转换、集成，最后加载到数据仓库或数据集市中，成为联机分析处理、数据挖掘的基础。

（2）数据存取

存取数据的工具包括关系数据库、NoSQL（泛指非关系型数据库）等。

（3）基础架构

云存储、分布式文件存储等。

（4）数据处理

通过自然语言处理使计算机"理解"自然语言。

（5）统计分析

假设检验、显著性检验、差异分析、相关分析、T 检验、方差分析、卡方分析、偏相关分析、距离分析、回归分析、简单回归分析、多元回归分析、逐步回归、回归预测与残差分析、曲线估计、因子分析、聚类分析、主成分分析、因子分析、判别分析、对应分析、多元对应分析等。

（6）数据挖掘

分类、估计、预测、相关性分组或关联规则、聚类、描述和可视化、复杂数据类型挖掘（Text、Web、图形图像、视频、音频等）。

（7）模型预测

预测模型、机器学习、建模仿真。

（8）结果呈现

云计算、标签云、关系图等。

以上大数据所使用的技术中，数据处理、统计分析、数据挖掘、模型预测和结果呈现都可以用在小数据上，也就是说，可以用于人力资源数据分析中。

## （二）人力资源数据分析的难点

首先，收集数据存在一定难度。人力资源数据具有分散性，这种分散性导致收集数据存在困难。比如，人力资源管理人员进行人力资源效能分析时，需要收集公司的经营数据，包括合同量、工作量、收入、利润等数据，如果要做预测分析还需要历史经营数据，这需要市场部和财务部两个部门的配合和支持，而且这些数据并不是现成的，需要花一些时间来统计，往往不能及时获得或不能获得准确的数据。

再如，人力资源管理人员进行薪酬公平性分析时，需要取得外部的薪酬数据来对标，而这类薪酬数据没有现成的，在互联网上也很难搜索到，即使搜索到了也不敢轻易使用，因为不能保证数据的真实性。所以，薪酬数据一般需要向咨询公司购买。比较麻烦的是不同咨询公司的薪酬数据也不尽相同，这是由咨询公司薪酬调查的方法、取样范围和区域不同等因素造成的。所以，对于咨询公司出卖的薪酬数据，人力资源管理人员还需要明确数据的调查对象、调查范围和区域、调查方法等，才能决定是否购买该数据。

其次，获取人力资源的历史数据也有一定难度。人力资源管理人员往往重视数据的时效性，对当期数据比较敏感，很多分析是基于当期或同比数据，对更早的历史数据往往忽视，以致保存不周。因此，人力资源管理人员在需要历史数据时很难在短时间内获得，经常需要东拼西凑，花费不少时间。

最后，进行人力资源数据分析还有一个很大的障碍，就是人力资源管理人员本身的数据分析能力还有待提高，而大多数人力资源管理人员都存在这个问题。

随着计算机技术的发展、统计技术和工具的普及，以及大数据时代的到来，人力资源管理人员也要顺应当前发展趋势，主动学习和掌握一定的数据分析知识和技能，并将其应用到人力资源管理的实践中，创造出人力资源管理领域的新天地，提升人力资源管理的水平，帮助企业更好地运作，实现经营目标。

工欲善其事，必先利其器、选择合适的分析工具会使数据分析工作事半功倍。有了工具，还需要有材料，如何收集和清洗数据就显得至关重要，这也是整个数据分析过程中最消耗时间的工作。

## 第二节 大数据时代企业人力资源管理创新思考

随着信息技术的迅速发展，大数据几乎已经渗透到各个行业和各个领域，日益成为数据时代背景下全新的生产要素、无形资产和宝贵的社会财富，成为商业变革和管理变革的新契机，将给经济社会的发展带来翻天覆地的变化。

人力资源管理作为管理学科的一部分，正在接受大数据的洗礼，在当前形势下，如何把握和运用大数据，实现人力资源管理的创新，是人力资源管理系统迫切需要探索的问题。

不同的领域所呈现的大数据的内容各不相同。在人力资源管理领域，人力资源管理部门围绕"人"和"事"进行工作时，会产生大量的数据。

## 一、大数据背景下企业人力资源管理的新趋势

### （一）从"一言堂"到"众声喧哗"的时代

传统企业管理更多的是管理者发号施令，普通员工只能被动接受。大数据时代，随着信息高速公路以及 5G 技术的飞速发展，人们可以通过网络媒体时时传递信息和数据，大数据时代的网络平台是人人平等的，不再是原来的普通员工有话无处说、说了无人听，甚至说了也白说的时代。

### （二）从信息的"发布者"到信息的"接收者"

在这个"众声喧哗"的时代，员工的信息随时可见、随处可见，所以管理者要适应这种趋势，从原来的信息发布者到信息的接收者、交流者，从原来的"高高在上"到"和群众打成一片"。通过网上信息的大数据汇总，管理者可以了解员工在经历什么，有哪些问题，如果是员工普遍存在的问题，是否需要进行培训？培训的内容是什么？据此进行的培训更加精准有效，员工会更加积极主动。如果是新招聘员工的问题，是不是招聘的方法方式不合适？要不要改进？从哪些方面进行改进？改进方案事前可以征询员工的建议，事后追踪结果反馈。通过大数据的分析汇总，管理者可以及时发现问题、解决问题，对企业可能面临的问题未雨绸缪，从容面对。

### （三）单纯的物质奖励会有穷尽，对员工发自内心的关怀更悠远长久

大数据时代的员工自我意识更强，更渴望得到尊重和关怀，他们工作不单单是为了养家糊口，更是为了有尊严地活着。如果企业关注不到他们的内在需求，只是给予简单的物质奖励，刚开始可能效果很好，但难以持久。所以，给员工真正的关怀，解决他们的实际问题，更能打动员工，并最终留住员工。比如，海底捞的新员工培训会教员工如何使用ATM 机，如何乘坐地铁，因为海底捞的员工大多来自农村，海底捞这么做是为了帮助员工快速融入城市生活。另外，海底捞会给业绩好的员工父母寄钱，让他们也感受到孩子的成长和荣光，能这样设身处地为员工着想的企业会让员工心生眷恋，不舍得离开。

## 二、大数据背景下企业人力资源管理的创新研究

### （一）大数据背景下企业人力资源管理变革总述

1. 管理方式的变革：从领导"拍脑门"到让数据说话

大数据时代员工的社交形式更加个性化、丰富化，依托微信、微博、QQ 等数据平台，员工的价值观念、欲望需求不再是"雾里看花"，而是"清晰可见"，并且"显而易见"，借助网络媒体大数据的信息平台，企业不仅可以从战略上把握和管理员工的人力资源情况，还可以详细确定他们当下的内在需求和未来的发展潜力，进行个性化的人力资源培训和员工职业生涯规划。同时，网络媒体可以使人员招聘范围更加广泛，数据更加真实可靠，避免了原来招聘过程中面对大量的应聘信息无从下手、无力处理的尴尬和困境。依托大数据的分析比对技术，企业可以找到更合适的员工，提高员工的职业胜任力，让员工工作得更自如；人员招聘更加高效，真正做到事得其人、人尽其才。

2. 组织结构的变革：建立快速反应的新型合作组织

大数据时代，信息的多元化使员工对企业的依赖度降低，远程工作成为常态。每个企业所面临的竞争环境、行业动态千差万别又瞬息万变，在以客户为中心，快速响应的时代背景下，传统僵化的组织势必会失去市场，与之相对应的是丰富多元的柔性组织，其可以形成管理者、员工以及客户之间的无障碍互动交流。例如小米公司，其采取的是扁平式的组织结构，小米的组织结构有三级，所有人都以满足客户需求、为客户创造价值为导向，然后大家分工协作，承担各自的责任和任务。

3. 分配模式的变革：实现员工和企业的利益共享

除了企业组织变革外，还有一个重大的变化就是利益分享机制的变化，从人力资源走向人力资本。在人力资本时代，如何留住人才，尤其是企业的核心人才，成为摆在当代管理者面前的一个难题。所谓"财聚则人散""财散则人聚"，只有实现员工与企业的利益共享，企业才能留住员工，实现与员工的共同发展。

4. 管理角色的变革：关注员工的内心体验，打造员工成长、价值创造的平台

值得追随的领导要有"渡人之心"，要为员工打造学习成长、价值创造的平台。现代人力资源管理注重创造合作共赢的组织气氛，为员工做好职业生涯设计，发挥员工特长，打造员工的价值实现通道。华为的以人为本，不是以懒人为本，而是以奋斗者为本，让拼搏者、奋斗者有尊严、有价值。华为的股份制不单单是分配模式的改革，更是员工角色的

转变，它把员工从打工者变成了企业的股东，员工不是为老板打工，而是为自己和家人打拼，从而使大家心往一处想，劲儿往一处使，使企业迸发出真正的凝聚力和源源不断的创造力。大数据时代已经来临，它带来了全新的观察和管理的方法，不仅有直觉和经验，还有数据和分析。通过大数据的分析技术，企业可以更清楚地了解自己的人力资源状况，制定出更适合企业发展的战略和规划，不断地优化人力资源结构，从而促进企业的长期稳定发展。

## （二）大数据背景下人力资源管理六大模块的创新

人力资源管理包括人力资源规划、招聘与配置、培训与开发、绩效管理、薪酬管理及员工关系六大模块。六大模块之间相辅相成，相互联系，对解决企业人才的"选、育、用、留"问题具有极为关键的作用。大数据时代的到来，为人力资源管理注入了新的能量，有人认为，大数据将成为人力资源管理的第七大模块，渗透到六大模块之中，为每一模块提供过硬的数据支持，推动人力资源管理系统的全面创新。

1. 大数据与人力资源规划：事实+数据

人力资源规划的主要任务是预测人员需求，目前所采用的工具主要有专家预测、回归分析、趋势分析和比率分析等。管理者在使用这些工具时大多具有主观臆断性，不能做到全面客观，而大数据可以很好地解决这一难题。

在大数据环境下，通过对组织内外部信息资料的收集，管理者可以确切地掌握反映每一位员工真实情况的各种数据。在了解了员工的基本情况、受教育信息、实习或工作经历、兴趣和爱好等结构化和非结构化的基础数据，解决问题的时效、参与竞赛情况等非结构化的能力数据，员工的任务完成效率和绩效成果等效率数据和潜力数据之后，结合员工个人的目标和发展需求以及企业近几年的人力资源流动情况等，人力资源管理部门就可以对员工的数量、质量、结构等做出客观的静态分析，对人员的流动性等做出精确的动态分析，随时预测空缺岗位的需求人数，查看其中哪些岗位可以通过企业内部培训来填充，哪些岗位必须通过企业外部招聘来获得。

人力资源管理部门通过数据收集、统计和分析，结合企业的战略目标，制订未来人力资源规划。企业所有的人事决策都以"事实+数据"的形式进行，不仅可以客观地确定未来人力资源工作的重点，还可以确定具体的方案和计划。人力资源管理部门要善于利用数据、正确利用数据，做出的每一步规划都要以事实为前提、以数据为基础，这对企业公平地建立、制定与实施人力资源管理政策等多方面都将产生不可估量的影响。

2. 大数据与人才招聘与配置：社交网络+数据处理

在招聘过程中，企业大多采用网络招聘、校园定向招聘和现场招聘等多种形式，招聘者只对求职者的部分基础数据有大致的了解，如专业情况、实习经历等半结构化数据，而对求职者的动手能力、专业技能掌握情况等一些重要的非结构化能力数据却不太了解，对于员工的一些业绩完成时效、职称提升率更是全然不知。在大数据背景下，一种不断融合社交网络的立体化的新招聘形式逐渐受到人们的关注，借助社交网络弥补传统招聘的不足，既能使招聘者对求职者的社交信息有详细的了解，提高招聘质量，节约招聘成本，又能拓宽求职者了解应聘公司信息资料的渠道，提高其应聘的效率。

企业人才招聘在"社交网络"的大数据库里加以遴选和聘用，不仅可以避免"井底之蛙"的眼光，还可以防止一些拥有人事权力的人以权谋私，从而促进人才的高效流动。对人力资源管理部门而言，一方面，要把求职者的简历信息、职位申请信息等不断地聚集起来，为招聘工作的大数据分析奠定基础；另一方面，要在此基础上充分利用云计算技术对数据进行处理，筛选有用的信息，摒弃无用的数据，得到申请职位情况、就业倾向等一系列分析成果，并结合企业的人力资源规划情况制订企业各部门的招聘计划，使招聘工作做到有理有据，流程更有成效，使配置工作定位更精确，实现"引"和"用"的艺术结合。

3. 大数据与员工培训和开发：最大潜能+查缺补漏

职业生涯管理作为人力资源开发的重要组成部分，在企业的人力资源管理中发挥着重要作用，可以更加有效地开发和利用企业内部的人才资源，减少对外部招聘的依赖，节约招聘成本，节省招聘时间；增强员工对企业的忠诚度和向心力，提高工作的积极主动性，减少离职率。在大数据时代，海量的具体量化数据可以为职业生涯管理提供更具有说服力的信息并增强决策的可行性。

在大数据理念下，职业生涯规划是基于全部数据的，因此，在信息的收集上，人力资源管理部门不仅要了解员工的应聘岗位、晋升意愿以及职业规划等结构化与非机构化的数据信息，还要深入挖掘与职业生涯规划相关的其他信息，力求保证信息的完整性与整体性，然后对这些信息进行量化分析，摒弃干扰数据，最终形成员工的立体信息集，使职业规划定位和职业引导更具有针对性和说服力。企业可以利用软件技术开发和设计一套基于大数据理念的职业生涯管理测评系统，对于传统的职业生涯管理取其精华，去其糟粕，与大数据下的职业生涯管理相结合，发挥二者的优势。如此一来，企业可以全面地掌握职工行为，主动地为职工提供"量身定做"的人事服务，帮助员工胜任工作并发掘员工的最大潜能，提高企业的竞争力。

然而，在大数据时代，现有的人力资源开发方式存在局限性，其中较为明显的就是人力资源的培训开发。培训分为岗前培训和在职培训，能使员工了解岗位的工作职责，认清工作重点，改善工作中的不足，提高工作效率，实现"人岗匹配"。因此，对员工进行培训十分重要。目前，多数企业采用问卷调查的形式，让员工参与其中以确定培训内容。然而，随着大数据时代的到来，这些方式日见其片面性。大数据的一个"大价值"就是在应用中纠正错误，因此，人力资源管理部门应关注相关数据所表现出的错误，对员工进行有针对性的培训，做到查缺补漏。

例如，对于煤炭企业的煤矿挖掘机操作作业的专业技术人员来说，可以从其业绩完成率等结构化的效率数据来反映其需要培训的内容。换句话说，如果专业技术人员的业绩指标出现了下滑，人力资源管理部门就可以针对问题进行数据的收集、整理与分析，深入挖掘根源数据，确定问题来源是专业技术知识缺乏还是团队士气不足，从而制订不同的培训计划。企业可以根据不同的情况，制订不同的部门培训计划、一般人员培训计划、选送进修计划等。这样一来，人力资源管理部门就能对员工的培训做到游刃有余。

4. 大数据与绩效考核：岗位数据+员工参与

在以往的考核中，考核者大多依赖有限的记录对被考核人进行主观评价，进而确定考核结果。例如，通过记录员工的出勤率、工作热情程度等通用型结构化和半结构化的基础数据和故障率、任务完成率等岗位型的效率数据来确定员工对企业的贡献。

然而，在大数据时代，想要在考核中做到客观公正，消除员工的机会主义行为，人力资源管理部门就必须改变原有的考核方式，建立以数据为依托的人员考核和胜任力分析工具。在绩效考核指标设计中，首先进行的就是岗位分析。因此，企业要充分利用现代科学技术和平台，全面收集和深入挖掘岗位相关数据，建立以数据为依托的绩效考核指标，进而设计员工考核的分析工具，使其不仅可以客观地肯定员工过去对企业的贡献，还可以对员工未来工作的改进提供量化指导。

此外，人力资源管理部门还可以在企业内部建立信息共享和互动平台，如微博、微信、贴吧、BBS等，让员工对绩效考核指标的筛选、内容的确定、实施的流程等一系列要点的确定各抒己见，积极地进行讨论互动。如此一来，人力资源管理部门就可以利用平台所产生的大量数据客观地确定绩效管理的方案，明确员工最关心的问题和最希望解决的途径等。利用这样的互动平台，员工间接地参与了绩效考核政策的制定，有助于推动组织管理和绩效考核的透明化、领导对员工绩效的把握和员工对领导工作的监督以及员工与员工之间的信息共享和相互沟通。让员工参与其中，使其更能感受到企业的重视，进而调动其工作热情，提升其对企业的忠诚度。

5. 大数据与薪酬激励：针对性+多元化

有效的激励不仅是对员工过去业绩的肯定，使其获得成就感，还对员工未来工作积极性的提高具有重大意义。随着人力资源管理系统的不断发展，薪酬激励的手段不断增多，体系日趋完善。就目前来说，主要有以下几种激励措施：物质利益激励、事业激励和感情激励。

物质利益激励主要包括薪酬激励和福利激励，如基本工资、绩效奖金、津贴和五险一金等，这些都是员工基本生活和稳定工作的保障。在大数据时代，要以数据事实为基础来制定薪酬体系，这样才能做到客观公正，保证人才队伍的稳定。通过对基础数据的了解，对那些长期服务于公司的员工可以加大物质激励的力度，比如采取提供无息购房贷款的政策并且通过全面的数据分析来确定贷款的额度。

对那些在能力数据和潜力数据方面表现优秀的员工来说，仅仅采用丰厚的物质激励是远远不够的，还要采取多元化的激励手段。在企业内部，尤其是高层或骨干员工，他们都希望在专业上有所建树，在职位上有所提升，其对名誉、权威的需求比物质利益更加强烈。因此，企业可以制订相应的进修计划，其名单的考核和确定一定要以员工所产生的大数据为基础。

此外，感情激励也是一种很好的激励手段，是对员工的尊重与信任、理解与支持、关心与体贴。企业恰当地利用感情激励能够充分调动员工的工作热情，培养员工的忠诚和信任，从而打造一支稳定的工作团队。例如，在企业内部建立经济困难预警系统，当员工餐卡在食堂的餐饮消费低于一定数额时，系统会自动给其发送通知，询问其是否需要帮助，相关人员还可以根据预警进一步核实，最终确定是否对其提供帮助以及帮助的具体程度。

6. 大数据与员工关系：劳动契约+心理契约

劳动契约明确规定了企业与员工之间的权利与义务，而在大数据时代，劳动契约要更多地体现人性化的原则才能保证员工满意，降低企业的离职率。另外，企业仅仅以劳动契约与员工建立关系是远远不够的，还需要建立以共同愿景为基础的心理契约。以数据和客观事实为基础进行人事决策，让员工参与其中，对数据进行全面分析，使员工感受到客观公平，从而对工作更加积极，更容易在核心价值观上达成共识，由此来培养员工的职业道德，实现员工的自我发展与管理。大数据时代，人力资源管理的信息化及全球化使员工通过计算机技术与网络技术逐渐改变其原有的工作方式，不断提高工作效率、规范业务流程，为企业带来更好的增值服务，实现企业和员工共同成长和发展，为实现双赢目标而不懈努力。

### 三、人力资源管理融入大数据时代应注意的问题

#### （一）权衡大数据带来的收益与支出

企业要想将大数据融入人力资源管理体系中，首先要考虑其可行性，即要考虑其规模和资产，权衡收益和成本，始终以利益最大化为目标。目前，一些中小型企业盲目跟风，急切地将大数据引入人力资源管理系统中，认为拥有大数据就是拥有先机和脱颖而出的法宝。然而，很多企业不明确大数据的真实含义而一味地收集无用的信息数据，消耗了大量的财力建造基于数据的信息管理系统，并对其进行维护。这种行为完全忽视了收益与成本的关系，有可能得不偿失，容易造成人力资源管理系统的瘫痪。因此，在今后的发展过程中，企业首先要考虑大数据与人力资源管理系统结合的必要性，避免盲目跟风，用谨慎、认真的态度权衡利弊。

#### （二）人力资源的共享与安全

大数据时代的到来带来了优势和方便，同时也存在弊端。目前，针对大数据安全问题的应对措施及技术不断被提到，但其共享与安全问题仍然存在。大数据的人力资源管理系统同样存在安全隐患。如何保护员工的种种数据，被访问的权限如何设置等都应该引起企业的高度重视，这些数据一旦泄露或丢失，后果将不堪设想。所以，数据安全问题将成为今后人力资源管理系统创新的重点。

## 第三节　大数据时代的人力资源管理实践

随着信息时代的发展，大数据已经成为这个时代的一个特征。在大数据时代，企业迫切需要能够理解、运用数据的高素质人才，而人力资源管理部门作为企业的人才引进、培训、考核部门不能置身事外。人力资源管理部门应将"大数据"思想应用于企业的人力资源管理中，帮助企业相关部门合理、有效地做出人力资源管理决策，利用大数据思想的价值推动人力资源管理的革新，提高人力资源的管理效率。具体来说，大数据在企业人力资

源管理中的应用主要体现在以下几个方面。

## 一、基于大数据的人力资源招聘

从系统论的角度看，人才管理是一个"进管出"的过程，也就是首先将各类人员，包括其高端部分——人才，引进组织之中。大数据时代的招聘以数据作为衡量人才的前提，以模型作为评价人才的标准，能够进行迅速、有效的筛选，保障招聘质量。美国 IBM 公司花费 13 亿美元，收购了一个招聘培训机构（它每年向 4 000 万工作申请者开展问卷调查，获得基于大数据的人员特质分析），使招聘岗位与求职者之间实现更加精确的匹配。专家认为，这种形式的招聘，从技术角度看，是持续的数据挖掘过程；从信息角度看，是关联信息不断组合的过程；从专业角度看，是对岗位价值、胜任力的理解过程。大数据时代的人才招聘，组织要选人才，人才也要选组织，这是一个双向选择的过程。

### （一）借助网络社交

目前，企业招聘已经能够借助社交网络，达到知人的目的。社交网络是拥有大数据集群的最大主体，能够通过它获取求职者的相关信息，形成立体形象，便于企业做到"精确人岗匹配"。企业借助社交基因弥补传统网络单向招聘的不足，既能令企业与求职者之间彼此深入了解，也能节省招聘成本。

### （二）人才网络招聘

互联网招聘是目前广泛流行的招聘渠道之一。基于大数据的网络招聘将网络社交功能引进到招聘的过程。在新型的网络招聘过程中，求职者可以在网站中建立自己的简历，分享求职经验，关注职位信息，建立人脉关系；企业也可以在上面树立自己的企业形象，吸引优秀人才加盟，发布招贤信息。

### （三）高效率的"视聘招聘法"

基于大数据、人才模型的"欧孚视聘招聘法"是一种高效率的招聘法。该方法的不同之处在于通过采集视频数据，来读懂求职者的形象、表情、气质、表达、手势。关键点在于应用了机器能力、分析算法，把大数据与人工智能作为武器，完成了求职者与所招职位的匹配。无论是准确性，还是效率，都得到了成倍提升。

这种方法被国际学术界称为"科学读心法"，又被称为"人工神入"。最大的革新之处在于不是通过直接询问,而是依据一个人释放的个体信息,包括表情、语言、体势语言、生理特征来判断其内心状态。这种方法的主要优点是移动化、可视化、精准化、温情化。

(四)人才雷达与雷达人才

人才雷达是基于云端,利用数据挖掘定向分析,帮助企业找到合适人才的信息平台。通俗地讲,就是基于数百万计的论文数据、简历数据,加上微博的支撑,根据企业的招聘需求,搜集关键词,自动匹配求职者,根据个人的求职需求,自动匹配一些职务。

雷达人才是专门等着人才前来登记的一个地方。其网页显眼的位置上写着"雷达那么强,我想去试试""又好又快又不要钱""找工作,雷达一下"。打开网页,求职者可以将自己的姓名、求职要求填写进去,一周之内,自动登录。其实,这时你就是其人才库的一个成员。你需要找工作,他们也需要你的进入。大数据时代的人员招聘,能够结合社交网站,掌握求职者的各类信息,从而形成关于求职者的立体图像,有利于企业做出正确判断。

## 二、基于大数据的人力资源培训

培训是人力资源管理中的重要职能,是实现人力资源增值的重要途径,也是提高企业生产力的关键性工作。在传统企业管理中,企业管理者和经营者大都能充分认识培训的重要性,在企业中建立了较为完善的培训管理制度和培训体系。然而,由于培训是一项针对性和时效性非常强的工作,多数企业的培训并不能做到这两点,培训效果大打折扣。

大数据时代的到来为培训管理工作带来了极大的改变。一方面,人力资源管理者可以充分利用大数据,对每个员工的行为模式和擅长的学习方式进行分析,找出最适合个体的培训方式和培训内容,根据员工的特点为每一个员工制定出独特的培训课程和培训计划。这样,人力资源管理部门在提高员工培训积极性的同时也最大限度地提高培训的针对性,并实现培训内容与岗位要求的高度契合,为企业培养出优秀的人才。另一方面,运用大数据,人力资源管理者可优化培训监督和培训反馈机制,更清晰地了解培训过程和培训效果。随着信息技术的发展,很多企业都建立了基于大数据的网络培训平台,员工可以随时随地进行学习和培训。这在提高员工培训的积极性和效率的同时,也可以让人力资源管理者及时对员工的培训效果进行分析,从而进一步提高培训效果。

## 三、基于大数据的人力资源考核

绩效管理是人力资源管理的重要组成部分，它有利于在企业中营造一种公平、透明的竞争氛围，提高员工的满意度和工作积极性，提高组织的效率，保证企业战略目标的实现。它包括绩效计划、绩效考评、绩效反馈、绩效改进四个部分。在传统的人力资源管理中，绩效管理主要通过制定出定性或定量的绩效指标，并定期对员工的绩效指标进行考评，获得并分析员工的绩效数据，进行绩效改进。这种绩效管理方法存在较大的局限性，绩效计划的设立不科学，具有较强的主观性，绩效指标不能反映和鉴别出员工达到绩效的关键行为和能力，不能有效地实现绩效改进。

在大数据时代，绩效管理发生了重大变革。首先，人力资源管理者可利用大数据技术分析每个岗位的胜任要求和特点，设计出一套科学的绩效指标。同时，利用大数据强大的处理数据的能力，对员工工作中的日常行为、任务完成情况等进行分析，得出绩效考评结果。在提高绩效管理科学性的同时，也大大提高了绩效管理效率。其次，通过大数据，人力资源管理者可分析绩效指标与岗位要求的相关性，分析出员工获得优秀绩效与不良绩效的关键行为和能力。例如，在传统人力资源管理中，有些销售型员工的业绩特别优秀，然而却找不出他们绩效优秀的关键因素，在大数据环境下，人力资源管理者就可以通过大量的数据分析得到答案，从而有利于整个企业的绩效改进。

大数据的发展是历史的趋势，人力资源管理是企业发展的关键。对于企业而言，在大数据时代利用大数据分析，将能更好地实现人力资源的管理，为企业找到合适的人才，提高人力资源管理效率，有助于企业在未来发展中提高竞争力。

## 四、大数据时代人力资源管理的现状与问题

### （一）新知识和新框架的整合

随着知识时代的到来，数据和信息技术的管理相结合。同时，人力资源管理受到当时技术和概念的强烈影响。对于公司而言，良好的管理技能不仅在培养优秀的业务人才方面，而且在提高公司效率，增强员工热情和促进公司发展方面都可以发挥非常好的作用。通过数据分类和分析，可以及时识别职位和人员的变化，了解员工的个人情况，并将大数据应用于公司管理。在此基础上，企业决策者可以方便地根据数据做出人事决策，从而有效地提高其工作的科学性。但是，大数据也对公司的人力资源构成了挑战。这是因为业务

管理流程需要基于大量数据的决策。如果数据遭到泄露，与公司人力资源管理相关的信息可能会受到威胁，从而影响公司业务的发展。因此，有必要将安全管理和人员信息相结合，以进行准确的决策和数据使用。但是，为了加强数据安全管理，需要建立和完善安全保护机制。

## （二）信息更新和人才更新速度挑战

在大数据时代，知识更新的速度越来越快，人才更新的速度已成为传统商业模式的主要挑战。但是，在传统管理和人力资源实践的影响下，在人力资源管理上很难进行创新。培养独特的人才并建立新的招聘方法也很困难。

人力资源管理改革需要与时俱进。通过记录随时间的变化，数据和信息被集成到人事管理领域。同时，改变人力资源管理者的管理观念是创新人力资源管理实践的最重要方法之一。为了更新人力资源概念，企业首先必须考虑以下几个方面：首先，公司的人力资源管理者需要了解大数据发展的方向和大数据的特征。因为它改变了原来的管理思想，适应了新时代的管理模式，适应了人事管理。其次，员工必须与时俱进，适应大数据时代的发展，并鼓励企业人力资源管理的发展。因此，人力资源需要通过保护有关大数据开发的信息并将其传递给员工来改善信息概念。最后，建立和完善人力资源管理，整合机制和数据分析的信息。

# 第二章 人力资源管理信息系统选型与实施

## 第一节 人力资源管理信息化建设模式

企业人力资源管理信息化建设主要工作包括建设模式的确定和选型模式的确定。建设模式主要是确定企业信息化建设的路径；而选型模式主要是确定选型过程中选择合作伙伴所采用的方式。

### 一、人力资源管理信息化建设路径

企业人力资源管理信息化建设通常有三种选择路径，即购买套装软件、定制开发和软件集成。企业在选择具体的建设路径时需要基于对企业信息化资源、能力的现状的客观分析，基于业务需求分析能力和业务需求准备的成熟、完整、清晰程度，基于目标产品的市场成熟度、行业特点匹配度和实施能力，基于成本与收益之间的平衡，基于项目进度要求等要素进行。

### 二、人力资源管理信息系统选型模式

人力资源管理信息系统的选型与企业的其他信息系统相类似，根据企业制度的规定，会在公开招标、企业邀标和内部议标中选择。企业在选择的时候，需要充分考虑制度要求、选型成本、周期等因素，并根据各种模式的关注点做好选型的组织与准备工作。

## 第二节 人力资源管理信息系统选型过程

人力资源管理信息系统选型初期需要充分考虑解决方案整体的评估要素，这些要素在具体选型过程中的各个阶段将以不同的形式被充分评估，以确保企业方最终能够相对完

整、准确地评判各个软件解决方案、实施商的综合能力与企业需求的匹配程度。

通常情况下，企业会从成本、软件系统、供应商能力等角度对解决方案进行整体评估。其中，成本因素中的许可费用、硬件费用和实施费用为一次性投资费用；而维护费用则是持续性投资费用，通常按照年度投入。在软件系统中，企业主要关注四对因素：第一对为系统功能和业务匹配度，是指在评价软件系统功能的时候，必须以企业的人力资源管理需求为出发点，重点评价功能对人力资源管理需求的匹配程度，而不是简单地考察系统功能的先进性。第二对为集成性和最佳实践，是指在评价人力资源管理信息系统与企业内其他信息系统是否具有成熟的集成解决方案时，不仅要评价软件商提供的解决方案，还需要重点考察软件商所推荐的成功集成案例。第三对为系统本身的易操作性和可扩展性，对于易操作性主要考察某项或几项基础功能打开对应界面、完成操作是否方便。第四对是成熟度和灵活性。众所周知，软件系统的成熟度是随着版本的不断升级逐步完善的，因此，在关注该项要素的时候重点关注发版时间和升级周期，以及已有的成熟客户。灵活性是集团型企业需要重点关注的，特别是当组织或业务模式发生变化时，系统对这类调整的适应是需要进行代码级修改，还是由人力资源管理人员自行操作即可完成。同时，不能忘记评价备选系统在进行相关调整后对历史数据的处理。

## 一、共性要求

企业在对套装的软件产品进行选择时，需要关注下列七个共性要求。

### （一）柔性结构

对于企业而言，不管是经营目标、部门组织，还是在人员管理、薪资福利管理、绩效管理中，变化随时都可能发生。从整体角度来说，今后企业的应用环境变化是必然的，因此，企业在系统的选择上应考虑到全局的变化和软件的适应性，避免造成人为的软件集成障碍。

### （二）实时存储数据

多层级管控模式中，实现决策点下移、控制点上移的一个很重要的方面在于信息的及时性。对企业管控层面而言，重要数据在需要时必须能够马上获得，而且这些数据要能反映现在的情况，而不是上周的情况。因而，系统必须能够支持实时数据的获得和一定范围内的共享。

## （三）并行、简化过程

软件应该寻求各种方法支持将串行过程变为并行过程，提高效率和缩短运作时间。要求无论是薪资、人员异动，还是传送过程，都要简化和自动化。

## （四）全面适合企业人力资源管理业务流程与管理需求的集成方法

仅满足企业某一方面需求是不够的，因为当满足某一方面需求时，又将面对需要同样信息的另一种需求。因此，为获得最大生产率，数据应该在企业各类应用中自动实现传递，避免重复劳动以及数据遗失或出错。

## （五）按"过程"思考

在企业内部，我们认为按照"过程"来组织各项业务，将有助于循序渐进地改善企业的工作效率和管理精度，并保持最好的状态。同时，按照这种设计思想能保证信息系统本身就是企业整体业务流程特性的集中体现。

## （六）开放式系统

企业的信息系统不仅要与现行的部分技术应用系统相结合，而且需要与未来的供应链管理系统、企业应用集成系统等系统相融合，数据在这些系统中的调进调出是非常重要的。而且企业的系统需要与合作伙伴或政府的其他系统完成数据交换，所以，企业需要这种系统之间连接的方法，并汇集各种解决方法的能力。因此，信息系统的程序运行需要能够工作于各类硬件平台，并且符合通信标准。

## （七）使用方便

产品的用户界面要人性化，便于操作者的使用和知识掌握。使用方便并不意味着简单化或范围有限，而是对选择如何完成工作具有较大的灵活性和自由度。

## 二、典型的选型流程

## （一）了解企业自身现状和需求

和之前使用的财务软件及简单的物流管理软件相比，e-HR（电子人力资源）系统由于其在整体的数据集成、时时共享等性能上的出色表现，成为众人追捧的宠儿。除了普遍意义上的需求理由，不同企业又有着不同的需求原因。了解自身现状和挖掘需求原因是确定项目是否上马和确定系统类别及使用年限的重要依据。这可以召集公司各部门负责人举办e-HR项目需求紧急度的讨论会，并且综合日常工作中的投诉点进行分析，最终确定项目是否上马并忠实记录会议过程与结论。

## （二）确定项目预算

兵马未动，粮草先行。沟通和确定预算范围是决定选型广度的基础。根据自身财务状况及e-HR系统使用年限预期确定e-HR项目预算框架。企业中高层范围内的沟通、讨论、确认是非常重要的，尤其是股份制企业，每个股东对于大项目投资的金额、时间、回报率都是非常关注的，没有大家的共识与参与，很容易导致选型成了单一的选价格，那就失去了选型甚至投资e-HR项目的意义。e-HR项目除了实际购买软件和支付实施顾问企业的费用外，还需要考虑到很多人力资源的相关成本，如关键用户保证项目参与时间引起的加人情况、项目加班、出差等一系列费用的产生，都会对企业正常运营情况下的整体预算成本造成很大的压力，这部分机动费用也是需要进行项目预算的重要原因之一。

## （三）预热调研

大多数企业内部人员对于e-HR系统的构造及使用效果都不了解，仅有的一些了解也多来自书本和相关文章，这个时候预热调研就显得尤为重要。预热调研分为两个方面：第一，各类e-HR软件厂商的资料的学习及相关访问。通过提取相关资料和参加各类厂商举办的研讨会等，最大限度地获取软件本身的结构组织、适用行业类别等一系列信息。第二，同行业类型客户的调研与访问。从各种渠道发掘与本企业类型相似的软件使用客户的实施和使用情况，由于没有任何利益关系，所以，这样的调研访问往往是友好的和有建设性意义的。对实际使用方的调研与访问不仅可以清晰对软件的认识，还可以了解实施顾问公司的水平。实施顾问公司的水平在很大程度上决定了软件性能与企业需求的契合度，而契合度又是发挥软件性能、服务企业的关键，其重要性无须赘述。

## （四）了解部门现状及需求

结合未来发展分析需求的扩展性对于企业决策和e-HR项目负责人是至关重要的。

各部门在长期运营中，虽然也有很多抱怨与投诉，但却缺乏整体的描述，实际岗位执行人的感受对于选型和日后的上线工作来说都是重要的工作基础。主要方式如下：由企业内部项目负责人和企业流程部组织各部门分时段召开部门现状讨论会，由于大家同在一个环境内工作，所以彼此熟悉日常情况，很快可以达成思维与语言上的共识。但工作结束后提交的内部需求调研报告，就不可避免地使用自己常用的"俚语"，不利于软件厂商阅读和理解，给日后的演示工作带来很多麻烦。因此，企业需要雇用第三方顾问公司进行企业内部调研，出具规范的需求报告。由于第三方顾问公司不参与企业内部利益冲突，所以被访谈者可以畅所欲言，把自己日常工作中的困扰和盘托出，这对于了解企业实际情况比较有益。但由于调研工作时间短，部门涉及广泛，第三方顾问很难在短时间内迅速地解读企业内部实际需求，容易产生歧义。因此，需要由企业内部项目负责人和企业流程部联合第三方顾问公司组织各部门现状讨论会，分经理层、实际操作层展开。第三方顾问和企业内部人员联合工作，拆分工作项目，既规避了因为利益原因产生的抹杀问题的现象，又完成了一份专业的、易于企业外部人员理解的需求分析书。

## （五）成立选型领导小组及选型组

确定了项目预算和内部需求情况，成立一个临时的 e-HR 项目选型组织机构则显得尤为重要。e-HR 项目成功的重要要求之一就是全员参与。由各单位高级管理人员组成的核心领导小组，负责选型工作的时间、方法的把握，确保选型工作不走偏、不拖延。由职能部门的负责人组成的项目选型组需要保证不同软件的打分结果是由专业人员进行的，不会有偏颇。通过例会制度，不断地调整工作方向，统一工作思路。另外，选型过程中有中层经理的参与，是对 e-HR 软件最好的教育方式。不断地把心理预期调整得与现实接近，在后续的实施中就不会有从云端坠地的感觉。平和的心理是圆满完成项目实施的保证。部门负责人对于 e-HR 的认识也为今后在各部门基层人员的宣贯奠定了坚实的基础。

## （六）确定不同层次上的不同入选软件厂家及顾问企业

目前，e-HR 软件有国内的，也有国外的，不同行业有不同种类，其设计理念还具有一定的差异性。所以，需要筛选出适合本企业的不同层次上的不同入选软件厂家及实施顾问公司，并展开实质性了解，避免把精力投入过大的范围而致事倍功半。

## （七）第一轮选型

第一轮选型的工作有：首先，向入选厂商和实施顾问公司发出项目参加邀请函，向入选厂商和实施顾问公司发出企业内部需求调研书，确定演示时间，要求入选厂商和实施顾问公司按照企业内部需求调研书内容组织演示，讲解软件使用方法，并辅以实际系统功能界面的展示。实际的系统展示是使双方都正确地理解需求含义及实现手段的最好方式。其次，制定选型打分表。选型打分表的制定是选型工作的又一个重要工作之一，没有这样一个客观的评估标准，选型工作很可能会陷入无休止的争论和协调中，也给企业最终的决策带来很多困难。选型打分表主要按照企业内部需求调研书的内容，根据实际情况标记出不同的权重，用以做最后的分数评定。厂商及实施顾问公司的演示是分模块进行的，为了不影响日常工作，不要求选型工作组必须全体参加。可以按照功能模块由不同部门的负责人、第三方顾问（项目需求调研书的撰写人）、项目经理、流程部经理参加打分。四份打分表产生的分数以 20%、20%、30%、30%加权计算，取得相对科学的分数结果。演示过程可以对相关感兴趣内容进行提问，并利用这个机会对同一软件厂商的不同实施顾问公司水平给予初步的印象分数。再次，整理分数，初步确定第二轮入选厂商及实施顾问公司名单，由项目负责人按加权比例，整理最后得分。最后，召开例会，向核心领导小组和选型组成员通报整体得分情况，并就几个系统功能争议点进行重申和确定，收集意见，确定第二轮入选名单。

## （八）第二轮选型

第二轮选型的工作有：首先，向第一轮入选厂商和实施顾问公司中的落选厂商发出通知函，本着尊重和欣赏对方大量准备工作的态度，拟写通知函内容。对于落选厂商来说，并不是软件功能不好，多数原因是不适合企业的需求特点，所以对于厂商来讲，给出未入选原因也是一个很好的了解产品市场反馈的机会。这项工作也保证了未来可能产生新的合作的基础。其次，向入选厂商和实施顾问公司发出第二轮选型邀请函和报价通知，要求第二轮入选厂商及实施顾问公司提供参观条件。厂商及实施顾问公司提供的参观机会基本上是他们完成得最好的项目之一，从中可以看出他们的水平并了解实施过程的一些用户心得，为今后企业的实施提供宝贵的经验。最后，制定第二轮打分表。第二轮打分表基本以实施方法、实施水平以及实施公司的行业可复制性为主要评分基础，依旧采用加权平均法，由项目负责人整理提交例会审议讨论，确定最后一轮选型名单。

## （九）第三轮选型工作

第三轮选型的工作有：首先，给出最终报价时间，要求入选厂商及实施顾问公司给出最后报价。其次，综合第二轮打分表及价格因素权重（价格虽然不是决定性的，但也是非常重要的一个选型指标。再好的软件，如果超过了最初的预算范围，就只能忍痛割爱，因为企业运营费用和家中购买日用品有本质的区别，前者如果没有把握好预算，很可能造成年度亏损，给整个年度业绩造成很大的负面影响），制定最后的选型打分表，从价格（分为硬件成本、二次开发、综合年限使用成本、广域宽带要求）、实施方面进行例会现场打分，各部门负责人充分发表意见，达成分数共识，当场计算打分结果。最后，确定最后选型结果。不排除有分数相当、实力相当的结果，但注意不要突破预算上限，而过低的价格也会直接影响日后实施顾问的水平和实施过程的质量。此外，一个重要的帮助企业在举棋不定中最终确定合作伙伴的标杆——那就是选型第一步的工作结果：企业自身现状和需求原因。它是一个公平的判定者，最终帮助企业从迷雾中走出来，做出正确的选择。

（十）签订合同

合同是未来处理纠纷的法律标准，所以，合同是需要非常仔细地阅读和相互协商更改的。收到软件厂家和实施顾问公司的合同后，企业需要进行以下两个工作：由项目负责人和选型核心领导小组进行仔细的斟酌，以及及时地把合同发给律师进行法律语言上的推敲。这两步齐抓共管可以最大限度地保护甲乙双方的权利和义务。

# 第三节　人力资源管理信息化建设投入分析

任何企业在进行信息化建设之初都必须对项目的预期投入进行评估，以取得最好的投入产出比，人力资源信息化建设的项目也不例外。企业人力资源信息化建设的整体投入可以划分为一次性投入和持续性投入两大类别。其中，一次性投入由人力资源管理体系梳理、需求提炼、辅助选型、硬件购买、软件购买、系统实施、项目监理七个主要部分组成。持续性投入主要包括硬件维护、软件维护、应用开发和培训四个部分。

## 一、人力资源管理体系梳理

该项投入的主要目的是协助企业对已有的人力资源管理体系的职能、流程、信息标准等内容进行现状评估、优化设计，从而确保未来 e-HR 系统的实施是在规范、科学的人力资源管理体系内，避免"旧瓶装新酒"和"手工电子化"的现象产生。但该项工作不是必需的。如果企业本身的人力资源管理体系已经相对完善，运行比较顺畅，企业内部信息化水平比较好，具有企业的信息标准，则可以由企业内部人员完成该项工作。

该项工作如果委托第三方完成，则这部分费用的预计投入应根据企业人力资源管理体系完善的内容，通常是按照工作量测算结果换算为具体的投入金额和实施周期。

## 二、e-HR 系统需求提炼

需求提炼是帮助企业明确 e-HR 系统的主要功能体系结构、各项功能之间的逻辑关系和确定系统中的核心需求，以避免出现需求不明确造成的项目目标不清和选型标准模糊的现象，为后续的实施范围界定和系统选型提供主要依据。需求提炼主要包括功能模型的建立、用户界面需求描述、数据表设计、流程建模等。需求提炼部分的投入计算与人力资源管理体系梳理的计算方式相似，同样可以委托第三方完成或者由企业内部团队组织完成。

## 三、e-HR 系统辅助选型

e-HR 系统辅助选型主要是指企业委托第三方制订选型方案，包括但不限于选型流程、选型标准、技术文件撰写、商务文件撰写、测试组织与测试报告撰写、考察组织与考察报告撰写等。选择第三方辅助选型主要是借鉴外部的经验，规避企业可能出现的由于对系统不熟悉所产生的选择风险和 IT 黑洞。该部分的投入预测与前两类相似。

## 四、硬件购买

硬件主要包括两个部分，一部分是为 e-HR 系统的运行所需要的系统服务器、网络产品、机房装修、通信线路、备份产品等；另一部分是为具体操作人员所配置的相关桌面设备。

## 五、软件购买

软件购买分为系统与基础应用软件、桌面软件和商务软件三大类。对于 e-HR 系统项目商务软件主要是指购买 e-HR 系统的预计投入。基础应用软件主要是指服务器操作系统、工具软件、数据库软件、网络服务软件等。桌面软件主要是指 Office 办公软件。

## 六、e-HR 系统实施

系统实施是按照项目周期、根据每人每月计算的工作量完成的实施费用计算的。在实施费用计算中需要注意对于二次开发的成本的预测。特别是在选型谈判过程中需要依据功能测试的结果，对于二次开发的范围和工作量做出预测。其中实施费用的预测与管理体系梳理和需求提炼相似。

# 第四节 人力资源管理信息系统实施项目组织

信息系统上线准备期间，企业一般成立项目办公室，主要由专业的人力资源管理人员、信息技术人员、直线经理组成。项目办公室主要结构是由决策委员会、项目负责人、实施组组成。

## 一、决策委员会职责与组成

决策委员会的职责包括以下五项。

1. 审批信息化建设总体计划。

2. 审批各分项目行动计划。

3. 对各分项目实施推进情况进行进度和效果跟踪。

4. 审批行动方案的调整和变动。

5. 对里程碑工作情况进行检查。

决策委员会作为最高指挥机构，主要承担宏观控制、协调和资源整合的职责。

## 二、项目负责人职责与组成

项目负责人的职责包括以下五项。

1. 负责与实施各方联络，保证项目按进度顺利实施。

2. 参与项目计划制订，辅助管理项目范围，调度资源，监控进度。

3. 组织项目中的培训、变革管理和需求调研等工作。

4. 提供系统上线后的有关业务支持方法的培训并负责未来的业务支持。

5. 其他所应该负责的项目管理组织协调工作。

项目负责人是人力资源管理信息系统建设项目的直接责任人，建议由人力资源部门负责人和信息技术部门负责人共同成立项目负责人组。在项目实施过程中，通过集体决策、知识互补的方式，共同推进项目。

## 三、实施组职责

实施组的职责包括以下十二项。

1. 进行业务流程及功能需求的整理和详细设计。

2. 协助制定必要的数据安全管理制度。

3. 协助制定必要的系统内部实施管理制度。

4. 进行数据的收集、整理和准备，为设计方提供必要的数据转换支持。

5. 参与项目详细实施计划、阶段计划、培训计划的制订。

6. 负责最终操作用户的培训和使用指导。

7. 参与相关系统的单元及集成测试。

8. 接受咨询顾问的知识转移。

9. 提供项目实施后的技术及相关支持。

10. 提供安装及维护所需的硬件和通信网络。

11. 协助安装及调试设计方的软件系统。

12. 提供系统的技术、运行环境以支持系统培训、实施、维护等工作的正常运行。

# 第五节　人力资源管理信息系统实施工作内容

人力资源管理信息系统的实施通常划分为项目筹备、业务蓝图设计、主要功能实现、模拟运行、整体上线等阶段。实施阶段是对企业人力资源管理从思想观念到管理模式，从工作习惯到思维方式的整体调整。在实施阶段，项目进度按照项目主计划进行严格控制，在项目筹备期需要明确项目内部的管理职责、预警方式，建立问题档案，规定问题响应的周期等以保障项目在有序状态下运行。

在实施阶段，实施方项目团队对企业方项目团队知识传递的效果将直接影响未来系统运行的持续优化效果和企业内部自主完善的能力。

## 一、项目筹备

项目筹备阶段最主要的目的是针对实施公司所提供的项目计划做最后调整，在这个阶段，项目小组将会成立，并宣布项目启动，介绍项目实施方式与时程，完成第一阶段教育培训。

## （一） 本阶段工作内容

企业方项目组工作内容描述：

1. 项目范围是否与规划范围一致。

2. 项目计划是否符合实际，能否按期完成，避免项目冒进。

3. 项目有无清晰的任务、目标和措施。

4. 项目组人员是否能满足项目需求。

5. 企业提供业务流程与使用表单是否全面完整。

6. 项目办公环境满足工作需要。

7. 企业内部协调安排项目启动会议。

## （二） 硬件与网络环境准备

企业方工作内容描述：

1. 避免硬件资源缺乏情况的出现，考虑现有硬件资源的利用。

2. 确认网络条件是否满足系统需求。

3. 确认硬件建议与网络架构建议。

## （三） 召开项目启动会议

工作内容描述：

1. 与企业内部相关方充分沟通项目安排。

2. 企业高层体现对项目实施的决心，调动企业全体员工积极配合项目的进行。

## （四） 现行业务流程

工作内容描述：

1. 积极配合对企业现有人力资源管理业务流程进行收集。

2. 项目组确认收集资料的完整性。

3. 业务部门确认资料的完整性。

4. 充分的沟通有助于对企业业务的熟悉和了解。

## （五） 第一阶段的教育培训

工作内容描述：

1. 充分的培训是项目实施的基础，确认培训内容。

2. 及时安排培训地点和相关准备工作。

3. 积极组织项目成员参加项目培训。

4. 记录考核结果并及时反馈。

5. 对培训结果进行考核并制定相应的激励措施。

## （六） 执行项目筹备阶段的质量检验

工作内容描述：

1. 再次与决策委员会确认公司策略、目标与项目目标。

2. 再次确认项目计划的实现性以及与集团目标的匹配程度。

3. 对本次项目的范围做最后的确认，重新检查并获得决策委员会的认可。

4. 积极地对项目进行沟通，确保项目成员对项目进度和内容充分理解。

5. 审核质量检验报告是否符合标准要求。

# 二、业务蓝图设计

## （一） 安装系统

企业方工作内容描述：

1. 及时对工作内容进行确认，保证项目按计划进行。

2. 了解必需的技术和标准。

3. 技术文档的及时保存。

## （二） 完成项目成员第二阶段的教育培训

企业方工作内容描述：

1. 充分的培训是项目实施的基础，需要提前确认培训内容。

2. 及时安排培训地点和相关准备工作。

3. 积极组织项目成员参加项目培训。

4. 记录考核结果并及时反馈。

5. 对培训结果进行考核并制定相应的激励措施。

## （三）确认企业组织架构

企业方工作内容描述：

1. 对实施商提供的组织架构建议进行初步确认。

2. 安排组织架构讨论会议的地点、议程、时间和参加人员。

3. 做好会议记录与文档保存等相关工作。

4. 做好会议前的沟通工作。

5. 与决策委员会确认组织架构。

## （四）确认优化后的人力资源管理业务流程

企业方工作内容描述：

1. 对实施商提供的业务流程建议进行初步确认。

2. 安排业务流程讨论会议的地点、议程、时间和参加人员。

3. 做好会议记录与文档保存等相关工作。

4. 做好会议前的沟通工作。

5. 与决策委员会确认业务流程。

## （五）未来适用性差异分析

企业方工作内容描述：

1. 积极组织并参与项目开展以来遇到问题的讨论并做好相关记录。

2. 做好项目组与关键客户之间的沟通工作。

3. 与决策委员会沟通确认业务流程和系统功能的改变情况。

## （六）确认人力资源管理报表及窗体需求

企业方工作内容描述：

1. 积极组织相关方对报表和窗体格式进行确认，提出初步意见。

2. 考虑开发成本和时间进度是否影响系统的整体计划。

3. 对开发需求进行整理和确定，避免需求膨胀。

（七） 确认资料转换需求

企业方工作内容描述：

1. 确认需要转换的资料时充分考虑资料是否完整齐备。

2. 资料转换程序与人工转换流程的可行性和安全性。

（八） 企业人力资源管理业务蓝图阶段的质量检验

企业方工作内容描述：

1. 确认项目工作计划是否按照项目计划执行。

2. 积极对项目进行沟通，确保双方对项目进度和工作内容的充分理解。

3. 审核质量检验报告是否符合标准要求。

## 三、主要功能实现

实现过程阶段是根据人力资源管理业务蓝图所定义的组织架构、业务流程和执行程序要表，在测试环境中完成信息系统中各项参数的设定的单一功能测试和整体测试，确保系统的完整与集成。

（一） 企业基础参数设定

企业方工作内容描述：

检查前期工作准备情况，包括标准化、转换资料确认等工作内容是否准备完整，做好上线系统环境设定准备工作。

（二） 各模块单元功能测试

企业方工作内容描述：

1. 审核测试计划是否符合项目计划。

2. 组织项目成员熟悉负责模块流程设定并进行练习，了解该阶段必要的技术、标准和工作过程，强化知识传递。

3. 信任内部项目组成员，避免过分依赖咨询顾问。

（三） 进行第一次功能测试

企业方工作内容描述：

1. 审核测试报告内容与结果是否符合标准。

2. 及时审核集成测试内容与测试流程，确保项目按计划进行。

## （四） 准备资料转移计划

企业方工作内容描述：

1. 及时确认完成资料的截取与加载。

2. 审核资料转移计划中资料转移的先后顺序与时间是否合理。

## （五） 完成上线系统环境设定

企业方工作内容描述：

1. 审核备份与恢复程序是否能够保证数据的安全以及业务的正常运作。

2. 组织项目成员了解该阶段必要的技术、标准和工作过程，强化知识传递。

## （六） 使用权限建立

企业方工作内容描述：

1. 使用者权限需要与业务实际运作情况相符合。

2. 权限设置合理，体现分级控制的管理思想。

## （七） 筹备终端使用者的教育培训

企业方工作内容描述：

1. 确认培训内容及计划安排。

2. 及时安排培训地点和相关准备工作。

3. 积极组织项目成员参加项目培训。

4. 记录考核结果并及时反馈。

5. 对培训结果进行考核并制定相应的激励措施。

## （八） 项目实施阶段的质量检验

企业方工作内容描述：

1. 确认项目工作计划是否按照项目计划执行。

2. 积极对项目进行沟通，确保双方对项目进度和工作内容的充分理解。

3. 审核质量检验报告是否符合标准要求。

## 四、模拟运行

项目最后筹备阶段的主要目的是完成最后的系统测试、训练最终使用者、调整资料与系统来仿真上线环境。最后的系统测试包括测试资料移转程序、测试接口以及测试使用者。完成上线前系统检查，通过线上支持系统进入公司系统测试的参数设定，确保系统的效能处于最佳状态。

### （一）决策委员会报告

企业方工作内容描述：

1. 与决策委员会成员进行项目进度及相关情况的沟通。

2. 组织好汇报工作，提前与决策委员会成员安排工作内容。

3. 做好汇报记录工作，并将其作为工作改进依据。

4. 及时对决策委员会的质疑进行澄清。

### （二）最终使用者培训

企业方工作内容描述：

1. 确认培训内容及计划安排。

2. 及时安排培训地点和相关准备工作。

3. 积极组织最终使用者参加项目培训。

4. 记录考核结果并及时反馈。

5. 对培训结果进行考核并制定相应的激励措施。

6. 审核测试报告内容与结果是否符合标准。

7. 及时审核集成测试内容与测试流程，确保项目按计划进行。

### （三）上线系统环境管理设定

企业方工作内容描述：

确认系统环境设定是否完整全面。

### （四）上线前最终系统功能测试

企业方工作内容描述：

1. 审核测试计划是否与项目计划相匹配。

2. 及时组织相关人员对需要转移的资料的正确性进行确认。

3. 审核测试报告内容与结果是否符合标准。

4. 及时审核集成测试内容与测试流程，确保项目按计划进行。

## （五）完成上线前系统检查

企业方工作内容描述：

1. 审核测试报告内容与结果是否符合标准。

2. 及时审核集成测试内容与测试流程，确保项目按计划进行。

## （六）完成内部上线支持计划，成立支持中心

企业方工作内容描述：

1. 审核内部上线支持计划是否与项目计划相匹配。

2. 明确支持中心人员构成，完成职责分工。

3. 及时审核回报与支持流程。

## （七）确认上线计划

企业方工作内容描述：

1. 确认资料转移计划是否需要调整。

2. 确认任务编组是否合理，任务是否被完整分配。

3. 做好计划的沟通协调工作。

4. 确认上线时间计划是否与项目计划相匹配。

## （八）项目最后筹备阶段的质量检验

企业方工作内容描述：

1. 确认项目工作计划是否按照项目计划执行。

2. 积极对项目进行沟通，确保双方对项目进度和工作内容的充分理解。

3. 审核质量检验报告是否符合标准要求。

# 五、整体上线

开始系统上线之后，系统必须经过检查和调整，以确保业务环境获得完整的支持。系

统上线一段时间内，实施商将通过线上支持系统对企业方的信息系统进行再一次的上线测试，确保系统功能充分执行。

## （一）上线前最后准备

企业方工作内容描述：

1. 检查上线准备工作内容是否全面完成。

2. 确认对于系统上线前出现的争议是否得到解决。

## （二）移植至上线环境

企业方工作内容描述：

1. 组织集团关键客户对正式流程进行确认。

2. 对上线资料进行正确性的最后验证。

3. 确认启动上线系统时的系统情况是否符合标准。

## （三）上线后支持

企业方工作内容描述：

1. 及时组织对系统上线问题的解决，做好问题日志以及纠正整改措施以保证实施效果。

2. 对月结作业支持做好完整记录，尽量反映系统的运行状况。

## （四）完成上线系统检查

企业方工作内容描述：

1. 审核上线系统检查是否全面。

2. 审核系统参数设定是否符合系统标准。

## （五）项目使用文件交接

企业方工作内容描述：

1. 审核项目文件是否全面完整。

2. 建立项目文件档案。

3. 建立项目文件管理及使用制度。

4. 妥善保存项目文件。

## （六）知识与技术转移

企业方工作内容描述：

1. 确认培训内容及计划安排。

2. 及时安排培训地点和相关准备工作。

3. 积极组织相关人员参加项目培训。

4. 记录考核结果并及时反馈。

5. 对培训结果进行考核并制定相应的激励措施。

## （七）检讨和调整

企业方工作内容描述：

1. 与相关方面进行项目整体实施情况及问题的沟通。

2. 组织好汇报工作。

3. 做好会议记录。

## （八）项目完成验收文件

企业方工作内容描述：

1. 验收人员应包含外部专家或监理人员。

2. 检查项目完成情况与项目计划、实施方案等的匹配程度。

3. 组织项目验收检验和相关会议。

4. 详细记录验收情况。

5. 做好对决策委员会的问题澄清工作。

# 第六节　人力资源管理信息系统维护的主要工作

经过一系列实施过程，e-HR 系统终于上线并投入了实际运行，有些人就认为万事大吉，于是解散了项目组，项目参与人员也被赋予了新的工作，忽视了 e-HR 系统上线后的后续支持和系统维护，从而给日后系统的正常运行埋下了很多隐患。e-HR 系统管理包括了薪资在内的员工个人信息，其中有些信息对公司和员工个人来说可能是高度机密的，因此，系统的实施、日常管理和维护往往是由企业的人力资源管理人员负责。相对来说，他们会由于工作内容和经验的局限，缺乏系统管理知识，不仅不了解 e-HR 系统维护的重要性，而且不了解 e-HR 系统维护到底要做什么、怎么做。这直接导致不少企业在 e-HR 项目投入运行后，一直没有建立关于该系统的维护制度，只是简单地维持系统的运行。这样不仅会造成系统里的数据不准确、不完全、不及时更新，还会造成系统里的数据杂乱无章，需用的数据不全，无用的数据遍布系统，整个系统缺乏可用性，甚至还可能造成重要数据的丢失。因此，在 e-HR 系统上线前完善系统管理制度和管理方案是保障系统正常运行和效益发挥的重要环节。关于系统的运行维护在制度和体系方面的保障，企业可以从以下几个方面考虑。

## 一、专人负责，定期维护

系统维护必须由专人负责，同时需要制订系统维护计划以定期进行系统维护。通常情况下，当系统出现问题或者有具体要求时企业才考虑进行系统维护。但实际情况是，在运行期间即使大错不犯，也会小错不断，因此需要有专门的人员定期检查系统，对出现的问题建立档案，记录问题现象、处理方式和处理结果。系统维护人员不仅要有较强的计算机知识基础，还需要对人力资源管理方面有一定的了解，熟悉企业人力资源管理部门的具体业务，在时间和精力上也要有一定的保证。

## 二、系统维护从建立原型系统后开始

e-HR 系统维护不是在系统上线后才开始考虑，而应该在建立系统原型后就着手进行。一般来讲，系统原型建立到系统正式上线需要一个过程，其间很多原有的和采集的数据会源源不断地转入系统中，而系统管理的信息又是动态的，每天都可能发生变化。完善的系统维护有助于系统切换的正常进行，减少切换过程的忙乱和可能的重复劳动。

## 三、有效的检查、沟通和培训

e-HR 系统中保留的信息很多是员工的个人信息，在将信息更新的工作交给相关人员的同时，也给如何检查和保证相关信息的及时更新带来了挑战。e-HR 系统的特点之一是数据的"不规范性"。例如在工作经历中，不同的用户会对系统要求的理解不一致，有些员工的工作经历过于琐碎，而另一些员工的工作经历则过于笼统。如何保证 e-HR 系统管理信息的一致性问题，也会随着系统的深入使用而暴露出来。同时，系统设置也会随着企业相关政策的变化和不同用户的要求不断做出调整和修改。因此，必须建立有效的沟通和培训渠道，确保系统的要求和变化能及时通知到每一个系统用户。

## 四、定期进行数据清理和备份

在系统运行一段时间以后，我们会发现系统里会逐渐积累很多结果不正确、目的不明确甚至是无用的查询、报表，它们的存在会大大地降低系统的可使用性。由于建立查询的方法不一样，有些相对通用，有些是临时用的，条件设置不同，运行结果也会存在差异。这些查询逐渐就成为系统的垃圾。同时，大量的、很少使用的历史数据在系统中也会大大降低系统的运行效率。因此，根据系统运行管理规则，定期清理系统中的无用查询和报表可大大提高系统的运行效率。

对于 e-HR 系统，很多用户错误地认为所有的操作和数据都会存放在数据库中，实际上并非如此。通常的做法是将某些重要的数据，如薪资、绩效、职位、组织机构等，保留完整的历史信息，而这些历史信息不会只存放在数据库中。有规则的数据库备份可以保证用户在需要的时候通过恢复数据库来获取当时的状态和信息。

## 五、建立运行日志档案，更新系统设置说明和用户文档

很多用户不愿花时间来编写和更新系统有关文档，即使在系统实施阶段编写了文档，也不会在以后的工作中根据变化及时对文档进行更新。一般来讲，系统维护工作应包括系统设置文档和用户使用文档的编写和更新以及系统运行日志的建立。建立系统运行日志档案可以有效地记载系统运行中出现的问题，避免在未来的使用中犯类似的错误。

全面、准确和易理解的系统设置文档有助于对系统设置的理解，为系统设置的修改和将来系统的升级提供有效的说明。而作为有效沟通手段之一的用户文档，则有助于用户更好地理解系统的要求，熟悉新的操作流程和操作方法。

# 第三章 基于大数据的人力资源管理模式

## 第一节 大数据企业人力资源管理的转型升级

### 一、大数据时代的商业机遇与挑战

当今时代，大数据具有极其重大的战略意义。但其战略性并不体现在大量数据信息的掌握，而体现在是否能够对这些数据进行专业化处理，迅速从中提炼出有效信息。换句话说，如果数据是原材料，那么要想获得更高的商业价值，就必须对原材料进行再加工。

从技术层面来看，大数据和云计算有着极为密切的关系，二者不可分割。大数据必须依靠分布式结构进行大规模数据挖掘，这是不可能依靠单台计算机来完成的。所以，云计算的分布式处理、分布式数据库及存储、计算等诸多技术就会为大数据所用。

数据要想发挥价值，就必须要有专业的人员懂得在恰当的时机恰当地利用数据。而如何区分无用的数据信息和有用的数据信息，则是颇有难度的问题。不少企业掌握着大量信息，却只是将其简单堆积，不会有效处理。企业只有对数据信息加以分析利用，使其转化为战略工具，才能发挥其真正的价值。

如今，大数据正逐步向人们生活的各个方面渗透，同时大数据所带来的挑战也会涉及更多方面。在大数据时代，各种资源不断整理融合，在彼此的摩擦中极易创造出新的模式。此外，数据在企业管理中的重要性，逐渐作为企业的生产要素对企业的决策产生重要影响。

对于大数据所带来的挑战，企业可以从以下两个方面进行应对：一方面，企业要充分利用工具对大数据进行发掘，敏锐地发现商机，及时把握机会；另一方面，企业要对外部环境始终保持警惕，注意发生的变化，及时做出相应的调整，在创新方面多下功夫，提高企业的个性化服务水平，增大服务优势。

## 二、大数据对企业人力资源管理的影响

从管理学角度来说，管理是艺术与科学的结合。因为管理对象是人，可变与不可预见因素太多，无疑给管理带来了很大难度。在管理过程中，人力资源管理量化不够，导致人力资源管理过程中很难被公正客观地评价，而且管理的专业性也很难得到认可。

### （一）提高人力资源管理的可测量性和专业性

人力资源管理部门可以在人力资源管理的诸多环节借助大数据技术使原本不可测的管理过程做到测量、记录、分析等步骤都有迹可查，极大地提高了人力资源管理的可测量性和专业性。

### （二）发挥人才管理优势

在大数据的作用下，人力资源部门对于人才的选拔、激励等职能的价值将会得到更好的挖掘，工作含金量大大提高，因此逐渐会成为业务部门甚至整个企业的决策所倚重的对象。

### （三）优化人力资源产业链

在大数据的作用下，人力资源全产业链都将发生巨大变化，其中包括人力资源部门、中介机构、行政管理部门等。全产业链由此真正以"人本思想"为中心，实现产业链上游和下游的资源战略共享，包括数据、测评工具以及人才发展理念等，促成人才价值提升及人才共享交流，实现真正的交流共享。

### （四）强化人力资源管理中科学和艺术的配合

具体来说，就是让应该科学处理的部分更加具有科学性，应该用艺术对待的部分更加具有人的智慧。

当然，大数据在给人力资源管理带来便利和机遇的同时也带来了极大挑战，因为大数据技术与人力资源管理相结合并非易事，这几乎是对整个行业的颠覆。如何对大数据的结构、构思等部分进行有效运用，是企业管理者需要认真考虑的问题。

# 三、大数据如何优化企业人力资源管理

## (一) 重视大数据的作用

大数据时代的到来促使企业经营环境发生了巨大变化，人力资源管理部门要想发挥自己更大的价值并且拓宽自己的职能，提高专业化水平是关键。而大数据在提高专业化水平过程中发挥着极为重要的作用，其利用互联网技术科学规范人力资源管理，使每一个步骤都在向专业化方向靠拢。

未来人力资源行业的发展势必会依托大数据，人力资源管理模式的升级要全面充分地掌握数据，重视数据的准确性和权威性，随时对数据进行动态监测。与此同时，企业还应当实现在数据与最终人才价值、利益之间的转化，借助外力来提高人力资源管理的质量。

## (二) 促成人力资源管理的创新

在大数据的作用下，人力资源管理将由原来多依靠经验进行管理向更加科学规范的管理方式转变，其中的"选、育、用、留"等过程都可以逐渐量化查询。如此一来，管理过程以及结果更加令人信服，精准度更高，人力资源管理部门自然树立起更高的威信。

新时代下，人力资源管理对于数据的依赖程度继续加深，先进的平台与相关技术可以更加科学、高效地管理人才信息，使管理效率大大提升。人力资源管理部门通过先进的平台对数据信息进行获取和分析，不但便捷，而且使整个过程更加规范化，更为人力资源管理部门的领导者做出决策提供了更为可靠的依据。

## (三) 大数据在企业人力资源管理中的应用

大数据在企业人力资源管理中的应用主要表现在以下五个方面。

### 1. 帮助制定管理策略和规划

在大数据时代下，市场环境瞬息万变，企业需要随时调整自己的战略策略来进行应对。这就需要人力资源部门具备十分敏锐的洞察力，在人力资源战略的规划方面要与企业发展策略相一致，只有二者相协调，人力资源管理部门才能为企业发展提供强大的推动力。

### 2. 企业招聘精准化

在企业招聘过程中，最核心也是最基本的问题就是企业与人才之间的匹配问题，而大数据就为该匹配过程提供了精准、高效的工具。在大数据时代，信息传播的渠道增多，人们之间的沟通与交流越来越频繁。传统的招聘形式主要依靠个人自己撰写的应聘信息来了解情况，而在大数据时代下则可以通过各个社交平台来对个人信息进行深入挖掘，对求职者的情况有更加全面且深入的了解，从而更加精确地完成企业与人才之间的匹配。

3. 调整员工培训的方向

传统模式下，员工培训多集中于提升业务水平的训练，而在大数据时代下，对数据信息的整合、提炼、分析、价值挖掘等能力的训练被提上日程。企业员工在对数据熟练运用的前提下还要制订行动计划与提高自身执行力的能力。

4. 改进人才考核方式

大数据对于人才选拔、绩效考核等问题的研究提供了更加具有说服力的科学依据，能够帮助决策者挖掘出数据之间存在的一些潜在联系，通过这些联系把员工的综合情况串联起来，有效地进行各项考核的测评。

5. 人性化的激励制度

在数据流的冲击下，企业结构、组织等不断进行调整甚至重建，给员工带来心理上的不安全感。因此，实施人性化的员工激励制度，能够最大限度地提高员工的心理归属感与企业集体荣誉感，激发员工积极性，使其价值的实现与企业价值的增长同步进行。

# 第二节　大数据在企业人力资源管理中的应用

## 一、大数据在培训考核中的应用

大数据技术的应用使人力资源管理发生了巨大变化，人力资源管理在这场变化中转型升级，逐渐走向成熟。

大数据使人力资源管理发生的变化主要体现在以下几个方面。

### （一）大数据与人力资源培训

人力资源培训主要是指员工任职后，企业通过相关的培训使其技能与业务水平得到综合提升。互联网技术的快速发展，云课堂、云笔记、云教材、云考试等相继出现，使在线教育进入一个快速发展期。

在线教育突破时间、空间、年龄、身份等传统教育各种各样的限制，使人们随心所欲地学习自己感兴趣的知识。想要提升自身能力的员工获得了传统时代难以得到的各种学习资源，自学不再像以往那样很难坚持下去，自学者有了各种形式的在线学习资源，这使学习不仅满足自身需要，还能获得愉快的体验。

## （二）大数据与人力资源考核

人力资源管理的关键指标就是考核，一个组织缺乏考核，其预期目标则很难在规定的时间内完成。将人力资源管理考核做到完美是相当困难的，在大数据应用于人力资源考核的背景下，每一名被考核者都必须做好自己的工作日志，记录下自己每天完成的工作、心得体会等。

管理者借助系统统计工具可以对员工的工作状态有一个大致的了解，项目进度、难点都会清晰地反映出来，而且每个项目成员站在不同角度所表达的不同观点也能让管理者有一个综合的把握，一旦出现问题可以及时进行战略调整，排除隐患。

例如，电商企业可以借助大数据技术的应用对员工的销售业绩进行预测，产品的年销售量过去只能在年终结算时才能统计出来，现在通过大数据可以进行预测，从而对销售人员进行指导，提高企业利润。

企业利用大数据分析技术建立数学模型，将具有比例关系的询盘价（产品点击询问的价格）、下单购买时的商品价以及实际交易价反映在数学模型中，使管理人员能够及时了解每个员工的大致销售业绩，业绩超额的给予奖励，业绩不达标的敦促其进行调整。

## 二、大数据在人员配置中的应用

### （一）大数据与人力资源配置

人力资源配置是将不同的人才按照岗位需求的不同特点进行分配，这其中涉及流程十分复杂的员工综合素质评定，不同岗位的特殊需求在企业发展的不同阶段也有所不同。

因此，人力资源管理人员需要做好两方面工作：员工素质的综合评定与岗位权责的详细说明。若将这两者实现完美契合，人力资源管理人员需要付出极大的努力。

### （二）大数据与人力资源招聘

现实中的企业规模不尽相同，规模的大小决定了其对于人才的需求也有所不同，有的企业需要一个高级人才来镇守一方，而有的企业只需要一个一般水平的人才来跟进一个项目。当然，需要高级人才镇守一方的企业引入人才所要耗费的资源比较多，现实中企业一般会把这项任务委托给猎头公司来完成，国际上的猎头公司之所以比较容易找到高端人才，其秘密就在于引入了大数据分析技术，在人才的获取中，如果能打造一个基数够大的数据库和一个高速运算的搜索引擎往往会取得事半功倍的效果。

猎头公司借助大数据分析技术，构建出其专属的人才搜索体系。这种搜索体系的数据来源比较广泛。猎头公司利用这些海量的数据，找出自己所需要的信息，再建立自己的人才数据库，并与需要各种人才的企业相匹配。

## 三、大数据在员工管理中的应用

### （一）大数据与人力资源使用

毋庸置疑，每一个企业都会产生大量的数据信息。员工之间的交流信息不仅可以使企业的管理者掌握员工个人的能力，还能掌握团队之间的协作能力，从而帮助企业提升员工与员工之间的协作能力，进而提升工作效率。在未来，当有足够的信息作为支撑时，企业甚至可以预测出不同人员构成的团队在做同一个项目时所产生的不同效果。

借助传感器以及数字沟通记录，企业能够掌握不同团队适合的工作项目。由此，企业可以为每一个团队贴上"标签"。企业根据团队擅长的领域给团队分配任务，这会极大提高企业的项目成功率，为企业创造源源不断的财富。

当下，大数据已经成为优化服务、拓展技术研发、激活员工创造力的重要工具。不会运用大数据分析技术的企业在未来将会面临巨大的生存压力，企业的管理者以及员工应该积极拥抱大数据时代，培养大数据思维。

### （二）大数据与核心人才保留

有时，企业难免会发生一些综合业务能力强、专业技能水平高的人才流失的情况，这无疑会给企业带来巨大的损失。

之前，企业为了防止核心人才流失，在薪资待遇、情感文化、事业发展等方面想尽了各种办法，但是还会发生人才流失的情况。如果只是少数的人才流失也还说得过去，毕竟人才的更替在所难免，一些员工由于私人原因离职也在情理之中。但如果出现大规模的人才流失，那么管理人员就应该反思了，是不是企业的人力资源管理出现了严重问题？要防止这种因人力资源管理出现问题致使员工流失的情况，企业的人力资源管理人员可以应用大数据分析技术，掌握员工的状态信息，对人才的外流及时预警。

事物的发展往往有一定的征兆，同样地，人才也会在其离职前的一段时间内有所表现。由此，人力资源管理部门要对员工的工作状态信息进行动态分析、及时整理。比如，一些员工平时积极主动，最近却寡言少语；一直拿全勤奖的员工最近却经常请假；销售业绩经常超额的员工，最近绩效大幅度下滑；等等。

这些征兆，通过分析很容易被发现，而企业对员工工作状态信息的收集与分析也催生出一种新的岗位——员工数据分析员。这个岗位要求任职人员具有极强的数字敏感度，通过微小的变化察觉出员工的异常情况，并且能够给出相应的解决方案。

### （三）大数据与薪酬管理

薪酬待遇对员工是十分重要的，西方企业有一个专门的概念——薪酬谈判，企业给予员工的待遇有一个专门的谈判流程。

企业所给出的条件如果员工能够接受，员工自然会留下；反之，员工会直接走人。这可以看作是企业与求职者之间的一场博弈，企业在薪资谈判中如果能了解求职者对薪资水平的认可度，将会占据优势地位。

将"社会关系测量器"技术应用于薪资谈判，只需用半分钟的时间便可以得出求职者对薪资水平的可接受度信息，招聘人员可以及时调整薪资水平来获得自己想要的人才。

"社会关系测量器"的测量精确性也是建立在对大量数据收集与分析基础上的，求职者对薪资待遇可接受程度的评估需要有海量的数据作为支撑。未来的薪资谈判领域，大数据分析技术的应用无疑将开辟一个全新的时代。

# 第三节　大数据时代的在线招聘

在整个商业界，大数据正在发挥越来越重要的作用，这也意味着数据战争时代的到来。大规模的、有价值的数据对企业的发展起着重要的推动作用，谁能掌握最大规模、最有价值的数据，谁就拥有了赢得互联网未来最有利的"武器"。

从平台级企业到更多的细分垂直领域，大数据正在发挥越来越重要的作用，很多垂直领域（比如在线招聘、在线医疗、在线教育等）都是依靠大数据发展起来的。那么，大数据是如何改变在线招聘领域的？它的发展经历了哪些阶段？

## 一、数据厚积时代

在线招聘在中国已有 20 多年的历史。用户可以通过在网上投放简历的方式获得应聘工作的机会，而企业可以在网上海量的简历信息中找寻自己所需要的目标人才。互联网为求职者与招聘者提供了对接的平台，不仅为求职者提供了大量的职业信息与工作机会，还为招聘者提供了大量的人才信息资源，在线招聘由此火爆。

那么，这一阶段有哪些鲜明特征呢？

### （一）海量数据

这一阶段，由于招聘者与求职者纷纷在网上建立自己的信息资源，所以，这是一个"信息入网"的关键时期。比如智联招聘、中华英才网等凭借自身的知名度和巨大的平台，吸引了很多用户，获得了海量简历，再利用这些大量的用户资源，吸引更多的招聘方进入网站。

### （二）数据结构化、标准化

这一阶段的招聘网站利用自身的固有形式与统一结构，对求职者的信息进行统一管理，所以，求职者的相关数据都呈现出高度的结构化，包括个人简历的样式、可供选择的职业类型及从事的行业等。

### （三）数据带来的简历轰炸与招聘低效

在线招聘在为企业提供大量求职者信息的同时，不免出现了一个令企业头痛的现象——简历轰炸。由于网上投递简历的成本很低，而且求职者为了争取应聘机会，常常盲目地将自己的简历投向多家企业，造成企业招聘人员被淹没在简历的海洋中。再加上求职者为了在网上寻找到好的职位，往往会对自己的简历夸大其词，让很多招聘者无法辨别简历信息的真假，给企业招聘人员带来了很大的困扰。

大量涌入招聘网站上的简历信息造成了企业与求职者之间信息的不对称，这种不对称现象直接导致了企业招聘的效率大大降低。由此可见，传统的招聘网站已经不能满足企业对人才数量及质量兼顾的需求。

## 二、数据互动时代

数据互动时代，伴随着社交网络的盛行，招聘者可以根据社交网站上记录的用户行为信息，对求职者有更全面的了解。与传统的应聘网站相比较，社交招聘网站能获得更多层次的求职者数据信息，比如用户的行为数据、用户在社交平台上的互动数据等。

当企业发现了用户交互数据的价值时，就会通过构建数据分析模型，对求职者的社交网络数据以及网络行为习惯进行整合，从而形成一个更加细致的、完整的、全面的用户形象。如果把大数据在数据厚积时代的应用看作一个平面世界的话，那么，运用社交网络所获得的大数据在数据互动的应用就是一个全新的立体世界。企业通过对用户在社交网络上的数据挖掘，从多方位对求职者进行更加全面的了解。

## 三、数据薄发时代

该阶段在发展过程中展现出如下新特点。

### （一）招聘最合适的而非能力最强的

数据厚积时代，企业在招聘时往往通过在网站上搜索关键词来查找相关用户的简历，这种方式的查找结果往往不能准确地得到求职者的相关信息。而在数据薄发时代，多元化的数据类型以及企业所采用的新的数据算法，让企业更精确地选择自己所需的人才类型。

在传统招聘过程中，招聘人员通常会关注一些固定的人才指标，如毕业院校、工作经历、取得的项目成果、同事或友人的推荐等，而新的数据算法又加入了很多新鲜元素，如求职者的表现、所具备的能力、对求职者的信息进行量化分析。

### （二）大数据提升劳动力运转效率

大数据的应用不仅在网上招聘方面起到重要作用，在提升团队运转效率方面同样具有显著的效果。

一些著名的科技公司（比如华为、联想等）都已开始利用大数据进行分析，来帮助自己更好地做商业决策。比如，公司通过对网上大量求职者的资料进行数据分析，可以更加精准地选择适合本公司的员工。由此可见，通过大数据进行分析，有利于企业更精准地获取目标人才，提高整个市场的运作效率。

# 第四章 人力资源网站规划与建设

## 第一节 人力资源网站概述

### 一、人力资源网站的含义、分类及特点

从广义上来理解，我们可以把与人力资源有关的网站统称为人力资源网站。按业务种类的不同，人力资源网站大致可分成以下四种。

#### （一）人才中介服务网站

这类网站数量最多，最为常见，也是我们狭义上所讲的人力资源网站。其主要是为求职者和招聘单位提供一个发布信息的网络平台，把这些人才的供求信息集中起来，帮助个人寻找合适的职位，帮助招聘单位找到优秀的人才。

#### （二）人力资源管理咨询网站

这类网站一般由管理咨询公司或专业的人力资源管理咨询公司创建，旨在帮助企业或其他机构进行人力资源问题诊断，提出完整的人力资源解决方案。它们一般拥有高水平的人力资源专家团队，能够对企业和各类组织进行系统的人员培训，促进内部沟通、融洽团队关系、挖掘员工潜力、提高组织凝聚力、增强团队竞争力。

#### （三）人力资源管理经验交流网站

这类网站一般实行会员制，包括企业会员和个人会员，主要通过举办人力资源界的专业论坛和各类沙龙活动，为人力资源专家、人力资源从业人员和企业提供一个互动交流、沟通的平台。推动优秀人力资源管理理念和管理技术的总结、研究与传播，促进优秀知识向生产力的转化。

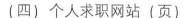

（四）个人求职网站（页）

事实上，把这类网站或主页称作人力资源网站稍显牵强，但如果从广义上来理解人力资源网站，把它们划进来也未尝不可。这类网站（页）是求职者为了让更多的用人单位全面了解自己的情况而设计的。一个制作精美的个人求职网站（页）往往能体现求职者具备相当高的计算机综合处理能力，包括文字处理能力、图像处理能力及信息综合处理能力。用人单位根据个人网站（页）的制作情况，便可对其能力做出初步评判。求职者把个人网站（页）放在网络上供用人单位随时调阅，可大大提高求职的成功率。

以上只是对人力资源网站进行的粗略划分，事实上，现在的人力资源网站基本上不再局限于某一种业务。随着社会经济的发展和互联网应用范围的扩大，人力资源网站的业务范围也在不断拓展，尤其上面提到的前三类人力资源网站，呈现不断融合的趋势。对于一个人力资源网站，我们已经无法辨别它具体是提供哪一类服务的人力资源网站，只能从主营业务上区分它是侧重于哪一类服务的人力资源网站。因为它往往经营多种与人力资源相关的业务，提供一整套的人力资源服务，并且不断创新，不断拓展新的业务种类，以尽可能多地争取盈利点。这是现在人力资源网站发展的一个新特点，也是其未来发展的一个趋势。

按照中国人力资源黄页上的分类，人力资源网站包括如下几种：培训机构、咨询公司、HR 软件公司、人才交流及招聘/猎头机构、HR 会展/协会及俱乐部、教育中介机构、HR 精品图书馆、HR 研究机构及院校、HR 职业资格认证、HR 专业网站、HR 公共服务机构网站等。当然这种分类稍显庞杂，而且部分培训机构、咨询公司、教育中介机构等，并非专业的人力资源网站，只是在自己网站上提供了一些与人力资源有关的服务。但是中国人力资源黄页作为一个人力资源方面的门户网站，它追求的应该是尽可能全面地把与人力资源相关的网站都收录进来，方便访问者查找自己需要的服务。

以上是从业务角度对人力资源网站进行分类介绍，下面是国家信息产业部依据经济性质和投资方对人力资源网站的分类。

1. 政府在线人才交流与市场信息网（国营）。

2. 民营的人力资源开发和人才信息网（民营）。

3. 借助国有人力资源库兴办的民营人才招聘网站（国有民营）。

4. 外资企业直接投资建设的人力资源网（合资企业或外商独资）。

这四类网站各有所长，政府网有先天的信息来源优势，民营网运作机制灵活，引入外资后，资金优势会很明显。所有这些网站笼络网民的心和吸引求职者最好的办法不外乎免费登录和查询信息，或者针对企业特殊需求提供猎头公司、网络和报纸等全方位的招聘服务，或者将传统的人力资源工作移到网上，开展网上心理测评、网上人才论坛和经理俱乐部等。

## 二、人力资源网站的发展

众所周知，随着计算机的普及和互联网技术的发展，我们获取信息的速度和数量超过了以往任何时代。人力资源网站在这方面展现出了突出的优势。

人力资源网站为求职者和招聘单位提供了一个发布信息的网络平台，求职者可以把自己的个人简历、求职信息发布在人力资源网站上，人力资源网站会把这些信息归纳、整理，按照求职者的类型、层次建立相应的人才库，以便于招聘单位查找自己需要的人才。招聘单位也把自己的招聘信息提供给人力资源网站，由网站整理后发布出来，便于求职者查找适合自己的职位。

目前，国内几家比较大的人力资源网站，每天更新的招聘信息有上万条，求职者上网投递的求职简历达到几万份。网上人才招聘超越了区域的限制，不同地区的求职者可以在同一网站和各地区的人才需求单位沟通，很多人只需点击鼠标就可以找到称心如意的工作。目前，网络招聘已经被大多数人认可和接受，它的出现可以称得上是一次求职的革命。当国内大多数商业性网站举步维艰时，一些专门从事网上求职招聘服务的网站却蓬勃发展，呈燎原之势。

人力资源网站发展的根本在于向用户提供优质的服务。求职者在利用人力资源网站找工作时，面对浩如烟海的招聘信息，可能会感到无所适从。人力资源网站考虑到这一点，就推出了相应的搜索工具，求职者只要输入或设置一些具体要求，比如公司名称、地理位置、全职或兼职以及职位类别等，就可以迅速查找到最符合自己需求的信息，为自己节省时间。有的先进的人力资源网站一旦检测到适合求职者的工作单位，就会自动将求职者的简历发送给招聘单位。

但是，与其他信息载体相比较，网络招聘信息的真实性值得推敲。各类人才网站，特别是小型网站，信息量明显欠缺，小网站上相当一部分的招聘信息是从大网站上下载下来的，虽然招聘信息内容没错，但网站在完成下载、处理、制作等程序后，绝大部分信息已经过时无效。大型公司在发布招聘信息时，往往一次招聘很多类型的人才，一些人才网站此时却充当"筛子"，只发布其中的一部分职位。还有一些人才网站在发布招聘信息时，将招聘单位的地址、电话、E-mail 都撤换掉，致使求职者在求职过程中多了一道关卡，有不少求职信件不能到达招聘单位。因此，求职者一定要注意虚拟世界与现实世界的分别，在找到理想的求职信息后，应首先致电招聘单位确认其真实性，再发送求职简历，尽快进入供求双方的真实接触阶段。

总之，只要人力资源网站克服自身不足，充分发挥网络优势，为用户提供真实、高效、便捷、优质的服务，人力资源网站就一定可以获得长足的发展，拥有光辉灿烂的明天。

# 第二节  人力资源网站的前期规划

"凡事预则立，不预则废。"一个人力资源网站在建立之前，一定要做一系列详细周密的筹划和准备。这个过程就是人力资源网站的前期规划，主要体现为以下三个方面。

## 一、人力资源网站的目标规划

不同类型和不同规模的网站所需资源不同，所以企业在构建人力资源网站之前一定要有一个大致的目标，基本确定网站应该具有的功能和规模。目标规划就是要通过市场调研，了解网站服务对象及他们的需求，从而明确网站服务领域，进而确定网站的服务种类及服务形式。

### （一）市场调研

#### 1. 什么是市场调研

所谓市场调研，就是对商品和服务市场相关问题的全部数据进行系统设计、搜集、记录和分析的活动过程。这一过程包括：首先要确定说明问题所需的信息，然后设计收集信息的方法，监测和执行数据收集的过程，再对收集的信息进行分析，最后得出相应的结论。通过调研，充分掌握各种市场信息，尤其是目标顾客和竞争者的信息，从而为组织制定经营决策提供依据。可见，市场调研在现代企业竞争中扮演着重要的角色，其通过信息将产品或服务的供求双方联系起来。所以，现代企业在生产产品或提供服务之前，都会对市场进行全盘的了解及调研，然后再进行生产或推出服务，这样才能使产品或服务的供给和需求达到紧密无间的配合。

为了全面理解上述定义，需要重点把握以下四点。

①市场调研是一个动态过程。

②市场调研的结果可以是直接的市场调查数据，也可以是最终的市场研究报告，在日常工作中后者往往居多。

③市场调研必须根据明确的调查目的，采取特定的方法和手段，以保证调查结果的客观性和准确性。

④市场调研的主要功能是为处在动态市场竞争环境中的企业组织制定经营策略提供依据。

2. 市场调研的目的

笼统来讲，市场调研的目的就是了解市场，了解市场需求，并以此为导向，进行经营决策。但如果我们进一步考虑，进行市场调研究竟想要获得什么？调研具体有哪些目的呢？归纳起来，大概有以下三个方面。

（1）竞争分析

分析比较消费者对企业与其他竞争者所提供的商品、服务的接受程度。就拿人力资源网站来说，可以调查目前的人力资源网站所提供的各类服务。例如，有的网站提供免费的人力资源管理相关书籍、报刊的在线阅读，还可以让读者进行评论和讨论等。企业可以根据这些调研结果，确定自己网站的特色服务。

（2）潜在需求分析

挖掘用户的潜在需求，对现有的产品或服务进行改良、创新。这样可以使企业获得竞争上的优势。商务网站要做到这一点，首先，网站硬件要经常升级换代，使用户进入、退出更加迅捷方便；其次，网站内容要及时更新，让用户感受到信息的有效性，并且网站界面越方便越好，这样才会使用户保持新鲜感，不会厌倦。

（3）新产品市场开拓分析

一种新的产品、新的服务推向市场后，需要特别注意该产品或服务的创意，并且广泛地将它介绍给大众。一个人力资源网站在向客户推出某项新的服务时，最好同时建立对该服务的意见反馈渠道，以了解客户的想法和意见，以便日后改进。

总之，对商务网站的市场调研主要集中在以下两点。

①调查目前在网络中有多少家与企业的产品服务相类似的商务网站，包括网站架构设置、网页布置、市场的推广策略等信息。

②调查网站目标顾客对该类网站的期望、需求、意见和建议等。

## （二）人力资源网站的服务种类

通过市场调研，知道了目标顾客的需求，然后就要提供相应的服务，以满足客户的这些需求。人力资源网站的功能主要通过网页平台实现，这就要求网页设计风格整体统一、色调一致、栏目清晰明了，使访问者能够方便地在各栏目间切换，同时方便地找到所需的栏目及信息。

结合用户需求分析，人力资源网站需要具有以下基本功能。

1. 发布国家及地区人事方面的政策和动态。

2. 发布人才招聘启事。

3. 求职人才的注册、登记和信息发布。

4. 对人才简历进行分类、整理，提供查询和筛选。

5. 人才市场中介服务（包括猎头业务）。

6. 提供人力资源管理、配置研究及招聘解决方案。

7. 从事网上人才招聘、洽谈活动。

8. 进行就业的咨询评估和指导。

9. 进行人才素质测评和智力开发服务。

10. 开展网上人才培训。

11. 开展与发挥人才市场功能有关的调查工作（如薪资调查、职位调查与分析等）。

12. 开设人才人事论坛。

现在的人力资源网站要想在激烈的市场竞争中站稳脚跟，必须具备以上基本功能。这种全方位的、综合的人才市场服务方式具有广阔的发展前景。

人力资源网站除了应具备以上基本功能外，还可根据自身网站的特色，通过提供一些个性化的服务来吸引客户，以提高网站知名度。例如，提供面向客户的网络化招聘管理系统等。

## （三）人力资源网站的服务形式

### 1. 信息发布

人力资源网站对招聘单位的信息和求职者的个人信息应采取不同的开放程度，有关用人单位的信息应尽可能地公开、透明，有关个人的信息则可根据个人的要求分为公开（对所有用人单位公开）、半公开（只对人才网站公开）和不公开（只用作网上发送简历）三种形式，并有相应的保密措施和技术支持。

利用公众信息网络发布人力资源信息，应当按照国家有关规定对信息的真实性、合法性、时效性进行审查；不能提供虚假信息，进行虚假宣传；不能抄袭、剽窃、盗用、复制其他网站制作的页面和发布的人才信息。

2. 免费、收费服务

所有人才网站对求职者实行免费服务，包括：求职者的注册登记、职位查询、发布求职信息、预定职位等。对用人单位的服务分为收费和免费两种。收费的服务项目主要包括：发布人才招聘启事、查询人才简历、提供中介服务、人事规划和人事诊断等。

利用人才网站从事服务和运作，主要有两类形式：第一类以网上服务为主，辅之以网下服务。其特点是：投入大、影响范围广、信息多、功能全，但风险较大、收效慢。第二类以网下服务为主，网上服务为辅。网站作为宣传和信息收集、发布的工具和渠道。其特点是：知名度相对小、信息量小、投入少，但运作起来风险小、经济效益较好。

## 二、建站可行性分析

可行性是指在当时的具体条件下，信息系统的研制工作是否已具备必要的资源及其他条件。创建网站之前的可行性分析工作主要包括：是否有能力提供和更新网站页面内容、人员的组织、软硬件的选择、网站页面的维护和测试、域名的注册、ISO 认证内容的选择、信息的收集、网站连接组织和维护、搜索引擎的注册、防火墙的设置等。根据网站服务器的访问记录寻找新的商机，确定网站站点需要提供哪些交互式应用，安排人员回答用户的网上咨询，数据的选择，网站页面发布策略，教育培训计划等。

针对这些任务，企业应该根据自己的实际情况确定哪些需要纳入实施计划，以及每项任务的时间、费用和人员安排。

网站建设的可行性分析主要包括管理可行性分析、技术可行性分析和经济可行性分析三个方面。

### （一）管理可行性分析

管理可行性分析主要是指网站建设中所需要的人力资源，即组织人员可行性分析。其中重要的一项工作就是进行组织结构调查与分析，确定哪些人员应该参与网站设计，这取决于网站的本质。如果仅是公司对某个部门或小组在建网时起领导作用，其结果是所建网站只能反映这个部门或小组的需要而忽略其他重要部门或小组的需要。这样的网站的功能有一定的局限性，它容易忽略其他重要部门，比如市场部。因此，企业在网站建设中必须防止此类事件的发生。除了相关的业务部门主管和技术核心人物外，最重要的莫过于主要的业务合作伙伴。企业必须让用户参与到网站建设过程中，倾听他们的意见，保证自始至终与他们相互沟通。

## （二）技术可行性分析

技术可行性分析主要是指构建与运行电子商务网站所必需的硬件、软件及相关技术，是对电子商务业务流程的支撑分析。

1. 分析可选择的电子商务技术

随着信息技术的发展，电子商务技术也不断地更新，支持着电子商务的应用。下面简述几种最适合电子商务应用领域的技术。

（1）电子数据交换技术

以报文交换为基础的数据交换技术推动了世界贸易电子化的发展。在电子商务中，电子数据交换技术不仅用于单证和贸易文件的交换和传递，而且可以将结构化数据集成应用到客户关系管理（如使用客户订单来安装产品）、与供应商及合作伙伴的商务交易等方面。

（2）条形码技术

在电子商务中，条形码技术主要用于各种商品、客户身份的迅速判定与识别，并将这些数据信息集成到其他模块中。

（3）电子邮件

在电子商务中，应用电子邮件技术可以为企业内部员工、客户及合作伙伴等提供实时信息交流、自由论坛、信息查询和反馈平台。其中，附加文档技术不仅可以共享复杂的信息，加快信息的交流与共享，而且使远距离的写作更加方便快捷，缩短了信息传递的空间距离。

（4）WWW技术

在电子商务中，WWW技术的应用可以分为基于Internet的应用和基于Intranet的应用。其中，基于Internet的应用主要包括信息发布、信息浏览、信息查询和信息处理；基于Intranet的应用主要包括信息发布、信息检索和信息处理。通过企业形象、产品、服务等信息的发布，达到宣传企业、推广其产品和服务的目的；通过信息的查询和检索，可以使用户从大量的商品数据源中检索到所需要的信息，便捷地实现电子化交易。

（5）数据仓库和数据挖掘技术

在电子商务中，数据仓库和数据挖掘技术主要用于各种大量复杂数据信息的存储与分析，提高数据处理效率，降低企业信息成本，协助企业发现商务交易存在的问题，寻找所展现出来的未来竞争机会，为企业战略决策提供服务。

（6）电子表格技术

在电子商务中，电子表格技术可以更好地以一种规范的格式管理有关的交易数据，在涉及许多人同时完成不同的任务时可以跟踪整个过程，对人工输入数据同机器本身具有的数据进行集成，通过 WWW 和内部系统促进电子商务的实施。

2. 技术选择与企业原有技术或系统衔接程度分析

当企业决定实施电子商务并构建网站时，就需要分析与确定可以满足企业业务需求的各种技术的可行性。添置硬件系统和选择电子商务技术的原则应以与企业原有技术的衔接程度和提高企业业务能力为基准，同时需要考虑技术对电子商务网站功能实现的可支持程度。如果企业原有的技术运作良好，那么在原有的商业或技术的基础上开展电子商务无疑可以节省大量财力、物力和人力。例如，一个人才市场已经拥有一个数据结构合理、系统功能完备的人才数据库，那么该人才市场在构建人力资源网站时就可以充分利用该人才数据库系统，在考虑原有硬件兼容性的基础上，将其作为网站后台的基础数据库，在技术的选择上只要添置用于浏览查询、邮件服务与 CA 认证服务的软硬件就可以保证网站的运行。

3. 技术选择与利用对于网站功能实现的支持分析

电子商务网站构建的目标决定了网站的功能，目标层次越低，网站的功能就越简单。对于一个人力资源网站来说，如果其目标仅仅是为招聘单位和求职者提供信息发布平台，那么网站的主要功能是发布和浏览信息，只需要选择满足 WWW 服务的软硬件技术就可以达到目的。但如果其目标是让招聘单位与求职者都能够方便地找到自己需要的信息，并进行互动交流，以及让人力资源管理人员之间进行网上互动交流，那么网站的主要功能会更复杂些，要包括信息发布、信息浏览、信息检索、信息反馈、网上支付、网上认证等，在技术的选择上要充分考虑对这些功能实现的支持程度，需要配备包括 WWW 浏览器、数据库服务器、邮件服务和认证服务器、防火墙/代理服务器、中间组件、客户操作系统、网络服务操作系统、商务应用系统等在内的软硬件。

## （三）经济可行性分析

经济可行性分析主要是指构建和运行网站的投入与产出效益的分析。

1. 网站费用

建设一个好的网站，必须投入大量的资金。许多网站因为费用预算的失误而被迫在刚刚起步不久就停滞不前。它们或者是低估了所需费用，或者是把资金浪费在某些不重要的部分，因此网站建设费用的估算也是非常重要的。我们可以把网站建设费用分为两大部分：正常的运行费用、维护及更新费用。

（1）正常的运行费用

①域名费用。注册域名之后，每年需要交纳一定的费用以维持该域名的使用权。不同层次的域名收费也不同，目前普遍使用的费率是：国内域名每年需人民币 300 元；国际域名的费率随注册服务商的不同而有所不同，可以直接向服务商询问价格。

②线路接入费用和合法 IP 地址费用。不同 ISP、不同接入方式和速率的费用有所差别，速率越高，月租费越昂贵。IP 地址一般和线路一起申请，也需要交纳一定的费用，具体费用可以询问本地 ISP 服务商。

③服务器硬件设备。如果是租赁专线自办网站，还需要路由器、调制解调器、防火墙等接入设备及配套软件，采用主机托管或虚拟主机则可以免去这一部分的接入费用。

④如果进行主机托管或租用虚拟主机，那么需要支付托管费或主机空间租用费。托管费一般按主机在托管机房所占空间大小来计算，空间租用费则按所占主机硬盘空间大小来计算。在很多情况下，主机托管或虚拟主机的维护费用包括接入费用，因此无须另外支付接入费用了。

⑤系统软件费用。包括操作系统、服务器软件、数据库软件等。

⑥开发费用。软硬件平台搭建好之后，必须考虑具体的 Web 页面设计、编程和数据库开发费用。

⑦网站的市场推销和经营费用。包括为各种形式的宣传活动所支付的费用、为内容的授权转载而付出的费用以及其他在网站经营过程中所付出的额外费用等。

（2）维护及更新费用

维护及更新费用主要是指网站建成后的平台维护及内容更新所发生的费用。网站的维护是一个长期的过程，一些单位只考虑购买设备的费用，每年的维护费用却没有预算在内，结果出现买得起、用不起的局面。网站实际发生的正常运行费用是有限度的，但要维持一个网站，维护及更新费用却是无限的，最重要的一项是内容更新费用。一个网站办得好不好，关键在于内容更新的频率、知识含量的高低以及免费服务的项目，这部分费用是很昂贵的。

2. 网站收益

电子商务网站收益是指来源于网站运营的经济收入。目前，电子商务网站的收益主要可分为直接收益、间接收益和品牌收益三部分。

（1）直接收益

直接收益是指电子商务网站通过网络运行一段时间后，所产生的明显经济效益。与传统的商业经营相比，网站的直接收益主要通过在线销售网上信息和服务而获取。

（2）间接收益

间接收益是指电子商务网站通过其相关业务而获取的收益。网络是一种高效的信息发布、信息处理和交流的工具，它渗透到社会经济和生活的各个方面，电子商务网站对相关业务的积极影响可以视为一种收益。目前，在电子商务网站收益中，间接收益的比重较大，例如，企业的网站宣传推介、网上采购和推销、业务推广、业务组织、经营管理等都属间接收益。

（3）品牌收益

网站的品牌收益是电子商务兴起初期的一个特点。不少电子商务网站把知名度、点击率作为网站运营的目标。与其他收益相比，品牌收益是一种更间接的收益方式。品牌既对网站有影响，又不能脱离网站的内容和功能而独立存在。由于网络行业自身的特点，其信息透明度很高，品牌相对其他传统行业的作用较低，因而，电子商务网站的品牌收益实际上更多地取决于网站的内容和功能。

## 三、建站方式选择

随着网络技术的高速发展，基于网络技术的应用日益增多。一方面，新技术的应用改变着人们的日常生活和工作模式；另一方面，新技术的不断发展为最终用户建设、使用、维护、运营带来困扰，使最终用户无法将主要精力集中在自己的核心业务上。同时，网络时代对时效的要求愈来愈严格，使最终用户对提高网络系统的维护运行水平的要求也愈加高，并对建站方式产生了很大的影响。

### （一）建站方式

企业或组织在互联网上建立适合自己需求的网站有"自主建站"和"服务外包"两种方式。

1. 自主建站

自主建立是指建立网站所涉及的诸如接入、内容、商务、维护等各个方面的问题均由企业或机构自行考虑和解决的一种建站方式。

2. 服务外包

服务外包是指把公司的网站放到一个互联网服务提供商的机房。客户通过租用互联网服务商的服务器和带宽，并借用互联网服务商的技术力量，根据自己的要求完成所有软硬件配置的建站方式。

互联网服务提供商提供的服务主要包括：网站寄存、客户服务、网站管理、监控与维护、内容策划、推广服务、网上出版、电子商务服务和网上商场等，同时包括一些属于在线服务的项目内容。

随着网络资源服务市场的日益成熟，"服务外包"现在主要有虚拟主机、整机租用和服务器托管三种方式可供选择。

（1）虚拟主机

依托于一台服务器（计算机），多个网站可以在这台服务器上共享各种资源（如硬盘、中央处理器、内存等），每一个虚拟主机方式的网站都有独立的域名和 IP 地址（或共享的 IP 地址），且均具有完整的互联网服务器功能。

一台服务器上可以同时运行几十个乃至几百个虚拟主机方式的网站，这些网站在同一个硬件平台和操作系统上运行着不同的网站用户服务程序，在外界看来互不干扰，每一个"虚拟"主机和一台独立的主机表现完全一样。

据统计，目前，Internet 上超过 90% 的网站采用的都是虚拟主机方式，采用该方式建立网站具有如下特点。

①建立网站的费用相对低廉。

②建立网站的企业不需要网站系统维护人员。

③对网站的建设要求相对简单，网站的建设规模不大。

④对网站的实时交互应用要求不高。

⑤对网络带宽的要求不高，允许许多网站共享同一带宽。

⑥对网站的安全性、可靠性、可扩展性、实时更新的要求不高。

⑦由于多个网站共享一台服务器资源，许多功能和属性在使用时受到了限制。虚拟主机的方式能够满足诸如小型商业企业、社会团体以及任何相对简单的网站建设需求。

（2）整机租用

整机租用是一台服务器（计算机）只能被一个网站用户使用，并且由网络资源服务商替代用户进行管理维护。

（3）服务器托管

服务器托管是客户把一台服务器（计算机）放置在网络资源服务器的中心机房，由网站用户自己维护，或者委托他人进行远程维护。

采用服务器托管或整机租用方式建立网站的特点如下。

①网站的成本相对较高。

②配备有网站系统维护经验的专家。

③对网站建设的需求相对复杂。

④对网站的实时交互应用要求高。

⑤对网络带宽要求高，一般只允许一个网站独占带宽或与少数几个网站共享带宽。

⑥对网站的安全性、可靠性、可扩展性、实时更新的要求高。

⑦只有一个或少数几个网站占用服务器资源，网站在功能和属性上的特殊要求能够得到满足。

⑧对大型网站还可提供镜像技术、流量均衡分配技术等技术支持。

选择服务器托管或整机租用方式，对致力于发展电子商务的企业和提供各种互联网服务的企业无疑是明智之举。采取这两种方式可以使自己的网站获得良好的主机环境，可以对网站发生的各种情况及向访问者提供的各种服务进行全方位的实时控制。


（二）ISP 的选择

1. 简介

ISP 是互联网服务提供商的简称，是指专门从事互联网接入服务和相关技术咨询服务的公司和企业，是众多企业和个人用户进入 Internet 空间的驿站和桥梁。ISP 通过自己拥有的服务器和专门的线路 24 小时不间断地与互联网连接。当企业需要进入 Internet 时，只要先通过电话网络与 ISP 端服务器连接好，就可以与世界各地连接在互联网上的计算机进行数据交换。

根据经营业务的不同，ISP 有很多类型：一是"拨号 ISP"，它们从事"多点现场服务"（简称 MPOP），通过调制解调器从一个服务器拨号接入 Internet；二是"后端 ISP"，它们从事网络服务器服务，通过服务器的高速数据缓冲储存器向大量用户提供经常性接入信息服务；三是"前端 ISP"，从事高效的接入服务，并通过服务器的高速数据缓冲储存器向局域网用户提供服务。

实际上，ISP 的服务包括接入服务（简称 IAP）和信息内容服务（简称 ICP）两个方面。IAP 是指专门从事为终端用户提供网络接入服务和有限的信息服务的服务提供商；ICP 是指那些在互联网上提供大量、丰富且实用信息服务的服务提供商，它允许使用专线上网、拨号上网等各种方式访问自己的服务器，为用户提供全方位的信息服务。随着经营范围和内容的拓展，IAP 和 ICP 的有机结合是今后发展的重要方向。

许多大型的 ISP 为客户提供的是"一站式"专业外包服务和完整的电子商务解决方案服务，其中包括企业接入、主机托管、虚拟主机定制租用等基本电信服务；网络安全、网络加速、储存备份、网站监控等管理服务；企业网站规划、网站建设、网站营销、网站集成等专业服务。ISP 可以为企业创建一个完整的网络营销环境，如电子商务网站建设，包括域名注册、网站风格设计、网页设计、电子邮件、广告管理系统设计、统计分析系统设计、产品发布系统设计、搜索引擎系统设计等。电子商务网站维护包括网页的增加和维护、网络安全服务、数据备份、网络加速服务和网站监控服务等。

收费标准会因 ISP 品牌、规模、技术实力、知名度的不同而有所不同。一般规模大、技术实力强、知名度高的 ISP 提供的服务有保证，但是收费会高一些。但随着进入 ISP 行业的企业数量的增加，这方面的市场竞争会越来越激烈，服务价格也会越来越灵活。

2. ISP 的选择

选择 ISP 是很重要的，会直接影响 Web 站点的成功。有些 ISP 尽管价格低廉，但可能导致 Internet 连接的速度很慢，访问企业页面时，打开页面的时间会很长，而访问者不可能久等，就会终止访问。如果所选择的 ISP 服务不可靠，即使花再多的时间，也访问不到页面，这就会影响访问企业页面的人数，使顾客满意度下降。因此，在选择 ISP 时企业必须慎重，应该考虑到以下几个方面。

（1）必须能提供完善而且系统的售前、售后培训服务

ISP 解决企业上网的实际问题，为企业做好网站框架设计、网页设计、人员设定等准备工作。没有此服务的 ISP 只能提供资源，而这种服务是不完善的，不利于企业上网经营，充其量只是一个有域名的网站而已，这对于企业进行网上经营的初衷而言毫无意义。

（2）必须能直接或间接提供强大而稳定的电信上网服务

无论是专线服务，还是简单的电话拨号服务，ISP 必须帮助企业网站借助电信资源获取稳定的高速接入。

（3）必须是具备权威资质的域名代理机构

针对企业级用户，不仅价格要具备竞争力，还要有一套完善的服务体系。

（4）能够根据企业的需要，为企业量身打造网上公司

能为企业提供虚拟主机服务、性能价格比合理的网站空间、网站电子信箱服务、域名自动指向等"一站式"购买的一体化服务，并提供多项免费服务，例如，自动域名注册（网上自助，只有注册费，无手续费）、域名解析（更换网络服务器）、多域名指向（多个域名指向同一个磁盘空间）和免费网页制作等。

（5）能够为企业提供电子商务的后台支持解决方案

为企业提供成体系的技术外包服务，包括各种有助于企业网上经营的支付、配送实现的通信手段，带动企业网上商机的有效互动。能够为企业创建一系列安全、可靠的网上商务运作工具，确保企业各项核心业务的数据处理运营稳定无差错。

（6）能够为企业提供有效且超值的网站宣传

这些宣传包括 ISP 自身的门户级网站主页宣传，数百家搜索引擎链接宣传，以及提供在百万级企业广告互换平台上进行宣传的方案，并且性价比高，服务到位，具备真正的使用价值。

# 第三节　人力资源网站的建设

当网站前期规划结束以后，就进入了实质性的建站阶段，主要步骤包括：域名的选择与注册、软硬件平台的选择和人力资源网站设计等。

## 一、域名的选择与注册

### （一）域名的选择

域名是一个网站在 Internet 上的标识，是企业的网络商标。虽然用户可以通过 IP 地址来访问每一台主机，但是要记住那么多数字串显然非常困难，因此产生了域名。域名由若干层组成，按照地理或机构分层，各层之间用小数点分开。一个完整的域名，从右到左依次为最高域名段、次高域名段和主机名，例如"招聘网"的域名为：zhaopin.com。域名前加上传输协议信息及主机类型信息就构成了网址。选择一个好的域名是一个网站成功经营

的开始，因为网站的每一个客户都是通过域名被引导到网站上的，因此，一个好的域名对人力资源网站来说是非常重要的。

域名就好比互联网上的商标和品牌，是一笔无形的资产。域名也是进入互联网给人的第一印象，客户看到一个网站的域名时，就会联想到网站的品牌、产品。而且它具有全球唯一性，因此，它的价值可能会高于传统的名字、商标。所以，建立网站的第一步，就是给网站起个好名字。

企业确定域名时，要选择有显著特征和容易记忆的单词，能够给人留下深刻印象。一个好的域名往往与单位信息一致，比如单位名称的中英文缩写、企业的产品注册商标、与企业广告语一致的中英文内容、比较有趣的名字等。

拥有一个好的域名就意味着拥有了成功的开端，企业在选择域名时，如果有多个域名，可采取多域名策略，即同时推广几个域名，在对主要域名注册的同时，有必要对和自己主要域名相关的域名进行注册，即使有些域名还没有投入使用。比如网易邮箱，在国内主推 163.com，而在国外则推广 netease.com，主要原因如下。

1. 为了避免与其他网站混淆

域名后缀.com 或者.net 的域名分属不同所有人时，很容易造成混淆，例如网易邮箱与 TOM163 电子邮箱，许多网民并不了解 163.net 和 163.com 归不同网站所有，因而才会出现将两者混淆的现象。如果一个域名为两家竞争者所拥有，可以想象将造成多大的混乱，对双方都将产生不利的影响。

2. 保护品牌名称或者注册商标

一个公司可以拥有多个商标名称，公司名也可能与商标名不一致，因此，除了以公司名申请域名外，还可以为每个商标名申请一个域名。现在域名的长度可以多达 67 个字符，因此，企业或网站除了注册较短的公司名称缩写的域名外，还可以注册一个公司完整名字的域名，让客户可以根据公司名称想象到网站域名。

对于知名企业或网站来说，由于域名被抢注的可能性很大，往往需要注册更多的域名来作为保护。

（二）域名的注册

企业或网站选择好域名以后，就应该马上注册，域名的注册遵循先申请先注册的原则，没有预留服务。因此，企业或网站在选择好一个合适的域名之后，要根据相应的注册程序马上注册。

1. 选择域名注册服务提供商

提供域名注册服务的服务商很多，应该选择具有一定经营规模并且能够为用户提供便捷服务的站点。

2. 域名注册流程

注册一个域名前，企业或网站需要进行域名查询，用来判断选择的域名是否可以使用。如果申请的域名已被注册，则视为发生了域名冲突。一般解决冲突的办法是换一个相近的名称，或者在申请的域名中加入"-"或一些字母等，也可以选择其他可用的域名。如果想要注册的域名还没有被注册，企业或网站就可以进行注册。单击"立即注册"，进入填写注册表单页面，相关信息填写完毕，要求用户核对信息，如果确定所填信息无误，即可提交，然后根据要求交纳域名使用费，通常采用网络支付或者汇款等方式。完成以上几步，域名注册工作则全部完成。

## 二、软硬件平台的选择

对于一个人力资源网站来说，把庞大的人才供求信息集中起来，进行整理并对外发布，并不是一件简单容易的事情。它与其他很多方面都有很密切的联系，比如数据库存储与检索、计算机和网络安全、音视频技术等。内容和创意固然重要，高时效、高运作效率也必不可少，合适的软硬件平台是成功建立网站的必要因素。下面从技术角度介绍人力资源网站软硬件平台的选择问题。

### （一）硬件平台的选择

在一个人力资源网站建设中，硬件起着非常重要的作用，是整个网站正常运行的基础，这个基础的稳定、可靠与否，直接关系着网站的访问率。有人做过这样的研究，一个网上用户在网站上停留的时间与那个网站的访问速度快慢、稳定与否有极大的关系，如果那个网站在 20 秒之内还不能完全打开，那么该用户就会离开，而去连接其他网站，有可能该用户以后再也不会访问该网站。日积月累，那个网站即使内容丰富，也没有多少人去访问。商务网站的硬件主要由两大部分构成：网络设备和服务器。

1. 网络设备

网络设备主要用于网站局域网建设、网站与 Internet 的连接。访问速度的快慢很大程度上与网络设备有关。网络设备中的关键设备主要包括：路由器、交换机、集线器和安全设备。

路由器是一种连接多个网络或网段的网络设备，它能将不同网络或网段之间的数据信息进行"翻译"，使它们能够互相"读"懂对方的数据；它还具有在网上传递数据时选择最佳路径的能力。选择路由器不仅要考虑品牌优势，还要考虑本地的载波通信能力。路由器的主要功能是将局域网连入广域线路并进行路由选择。由于局域网和广域网种类繁多，所以没有通用的路由器，需要根据实际情况进行选择和配置。对于局域网端，路由器会提供以太网、ATM 网、FDDI 和令牌环网等网络的接口，最常见的是以太网口或千兆以太网接口。对于广域网端，其接入线路种类多，如 DDN 方式、帧中继方式、ADSL 方式、以太网光纤方式。路由器的广域网口也是各种各样的，以满足接入不同数字线路的需求。目前，大多数路由器是模块化的，因此，企业在选择路由器时，除品牌、型号外，还要根据两边的端口，选择不同的模块，以适应不同的端口和连接速率。

关于集线器（Hub）或交换机（Switch）的选择，客户应根据自身情况进行实际考虑。通常而言，如果业务较多，PC 终端较多，且对安全性要求较高的企业应选择交换机作为核心的设备。具体地说，将所有的输入终端、监控终端、开发测试终端及营销功能扩展终端分别各视为一组，先以一个或几个集线器进行组内连接，然后再将各组用交换机连接。这样，从逻辑结构和物理结构上看都很清晰。

作为一个商务网站，在接入 Internet 时，尽量考虑采用宽带接入方式，以便用户能高速访问企业网站的服务器。

当网站接入 Internet 之后，系统的安全除了考虑计算机病毒外，还要防止非法用户的入侵，尤其是商务网站，存放着大量的重要信息，如客户资料、产品信息等。而目前防止入侵的措施主要靠防火墙技术来完成。防火墙是指处于企业或网络群体计算机与外界通道之间，用以限制外界用户对内部网络访问及管理内部用户访问外界网络的权限。

2. 服务器

Web 服务器最主要的功能是提供一个 WWW 商业站点，借此可完成商业网站日常的信息访问。邮件服务器是为企业的内部提供电子邮件的发送和接收。电子商务服务器和数据库服务器通过 Web 服务器和路由器为企业内部和外部提供电子商务处理服务。还可根据需要设置协作服务器、账务服务器等。通常是由 Web 服务器、数据库服务器、电子邮件服务器、电子商务服务器等构成电子商务网站。

服务器的硬件配置要解决的最主要问题是服务器的选择，即购买什么样的服务器作为网站的服务器。在 Internet 上，服务器最常见的有 Sun 服务器和 PC 服务器两大类，其他类型的数量比较少。Sun 服务器以其高效、稳定和可靠等性能而著称，但其价格较高。近年来，由于网络技术的快速发展，PC 服务器性能大幅提高，成本却只有前者的几分之一，即使像 YAHOO 这样的超大型网站也是使用 PC 服务器。对于 PC 服务器来说，在有足够快的 CPU 的前提下，最大的问题就是内存的问题。当遇到大量的客户端访问时，Web 服务器不能出现页面交换的现象，这样会大大增加每个请求的响应时间，数据库服务器也是如此。

服务器对计算机处理性能要求比较高，具体与网络规模、网站访问量有关。选择服务器要考虑以下因素。

（1）性能

性能是选择服务器首先要考虑的因素。如果服务器处理数据的能力不够，网站的价值就会大打折扣。比如，如果一个用户访问了企业的网站十次，没有一次能进去，该企业以后肯定会失去这位用户。另一个要考虑的因素就是服务器的稳定性。服务器是常年不断地运行的。如果服务器几小时就死机一次，这个网站就不能说是一个成功的网站，至少用户对这个网站的印象不是很好。

（2）价格

价格也是一个不可不考虑的因素。如果有充足的资金，服务器可以配置得很好，但是要在有限的资金条件下把服务器配置得最佳就比较困难了。这存在一个性价比的问题。同样，如果一个小型网站用了一部性能十分优越的服务器，而网站的访问量并不是很大，就造成了资源的浪费，从而导致网站建设成本增加。

（3）售后服务

售后服务现在也很重要。一般情况下用来架设网站的服务器都会选择品牌机，各种不同牌子的服务器的关键部件有很大区别。而且对于某一品牌企业的机器，只有其生产商才有能力进行修理。另外，当遇到服务器技术上的问题时，生产商会给予支持，很多大型生产商都有专门的技术顾问公司来负责这项工作。所以，企业在购买服务器时，选一家有良好售后服务的生产商是非常有必要的。

对服务器的选择，不仅要在以上几个方面找到平衡点，同时还应考虑到硬件平台应具有充分的可扩充性，只有这样，才能找到合适的服务器。

## （二）软件平台的选择

作为一个商业网站，在解决了 Internet 的接入服务器硬件平台后，接下来需要解决的一个问题是在这些硬件平台上运行什么样的软件系统。这一点非常关键，软件平台主要包括操作系统、服务器软件、数据库软件等。

1. 操作系统

操作系统可以说是服务器软件的基础，没有操作系统，Web 服务器及其应用程序就无法正常运作，所以有必要为服务器选定一个合适的操作系统。目前，被普遍使用的操作系统有很多种，但比较流行的、能够用于电子商务网站的主要有 UNIX 操作系统、Linux 操作系统和微软的 Windows 操作系统。

（1）UNIX 操作系统

UNIX 操作系统作为最早推出的网络操作系统，是一个通用、分用户的计算机分时系统，并且是大型机、中型机以及若干小型机上的主要操作系统，目前广泛地应用于教学、科研、工业和商业等多个领域。

UNIX 的主要特点是技术成熟、可靠性高、可移植性强，能在各种不同类型的计算机上运行。在网站建设中主要用于小型机。在 UNIX 系统的控制下，某类计算机上运行的普通程序通常不做修改或做很少修改就可以在其他类型的计算机上运行。另外，分时操作也是 UNIX 的一个十分重要的特点，UNIX 系统把计算机的时间分成若干个小的等份，并且在各个用户之间分配这些时间。

开放的形式是 UNIX 最重要的本质特征，它不受任何计算机厂商的垄断和控制。UNIX 系统从一开始就为软件开发人员提供了丰富的开发工具。UNIX 具有强大的支持数据库的能力和数据库开发环境，大型数据库厂商一般把 UNIX 作为主要的数据库开发和运行平台。

强大的网络功能是 UNIX 的另一个特点，TCP/IP 是所有 UNIX 系统不可分割的组成部分。此外，UNIX 还支持所有通信需要的网络协议，如 NFS、DCE、IPX/SPX、SLIP、PPP 等，这使 UNIX 系统能很方便地与现有的主机系统以及各种广域网和局域网相连接。

值得一提的是，与其他系统相比，UNIX 系统有两个不足之处。首先，在核心部分，UNIX 系统是无序的。如果系统中的每一个用户做的事都不同，那么 UNIX 系统可以工作得很好。但是，如果各个用户同时做同一件事情，就会引起麻烦。其次，实时处理能力是 UNIX 系统的一个弱项，另外一些操作系统在实时应用中比 UNIX 系统做得更好。

（2）Linux 操作系统

Linux 操作系统是所有类 UNIX 操作系统中最出色的一个。在计算机操作系统市场，Linux 是增长率最快的操作系统，也是唯一市场份额尚在增加的非 Windows 操作系统。

Linux 操作系统是一种自由的、没有版权限制的软件。它的应用十分广泛，Sony 的

PS2 游戏机就采用了 Linux 操作系统，使 PS2 摇身一变，成了一台 Linux 工作站。著名的电影《泰坦尼克号》的数字技术合成工作也是利用 100 多台 Linux 服务器来完成的。现在，它在受到全球众多个人用户认可的同时，也赢得了一些跨国大企业客户的喜爱，如波音公司和奔驰汽车公司在一些项目中就使用了 Linux 的软件产品。

Linux 是一款免费的操作系统，用户可以通过网络或其他途径免费获得，并可以任意修改其源代码。正是由于这一点，来自全世界的无数程序员参与了 Linux 的修改、编写工作，程序员可以根据自己的兴趣和灵感对其进行修改。这让 Linux 吸收了无数程序员的精华，不断壮大。Linux 的流行并不仅仅因为这些，其平台性能才是关键因素。Linux 可以运行在多种硬件平台上，同时还支持多处理器技术，这样使系统性能大大提高。另外，Linux 在安全、稳定性方面也十分出色。正是这些品质使它与其他操作系统相比具有相当大的竞争力。

Linux 的缺陷就是软件支持不足，许多硬件设备面对 Linux 的驱动程序支持力度也不足，不少硬件厂商是在推出 Windows 版本的驱动程序后才编写 Linux 版的。一些大的硬件厂商在这方面做得很好，一般能够及时推出 Linux 版驱动程序。不过，随着 Linux 的发展，会有越来越多的软件厂商支持 Linux，Linux 的前景一片光明。

（3）Windows 操作系统

Windows 操作系统是目前最流行的网络操作系统之一，它的市场份额正在逐渐扩大，具有强大的功能。Windows 系统的主要优点在于其技术较为先进，有 Windows 统一界面，这样用户使用起来非常直观方便。它能很好地兼容 Windows 丰富的应用软件，也有利于鼓励软件厂商开发新的应用，因而能很好地利用 Windows 优势。Windows 系统拥有可伸缩的解决方案（需求式分页虚拟内存、均衡的并行处理、大型卷册或文件等），完全排除操作系统的人为限制。Windows 系统最引人注目的地方是能够安全简单地访问 Internet，它提供了对等的 Web 服务功能，使企业内部网的用户可以创建个人网页，向内部用户发布信息。Windows 系统还提供对点通信协议的支持，使用户通过 Internet 远程访问企业内部网。

总之，操作系统的选择应该慎重，需要考虑以下几个方面。

第一，考虑网站的技术要求。网站建设目标不同，对技术的要求也不同。例如，纯演示介绍的网站其技术含量很少，最多要求有简单的数据库。而一个提供在线服务的网站功能就要复杂得多，技术含量通常较高。比如网上商城要求网上在线信用卡支付，这就对安全通信有极高的要求。

第二，根据企业网络技术人员的特点选择网站平台。技术管理人员对操作系统的熟悉程度也是一个很重要的因素。

第三，考虑操作系统自身的特点。主要从操作系统为用户提供的界面、功能、性能、对软件开发的支持以及高级应用等方面进行比较和选择。

另外，网站的可靠性、开发环境、内容管理、价格因素、维护的方便性以及安全性都是选择操作系统平台时必须考虑的问题。

2. 服务器软件

（1）面向 Windows 的各种服务器软件

虽然服务器软件可以在非 Windows 系统上运行，但很多好的软件都是面向 Windows 系统的。

①Netscape Fastback Server 是基本的 Web 服务器软件。它的特点有安装向导（简化安装）；支持 Java 和 Java Script；可创建 Web 网页的 Netscape Navigator Gold 客户端软件；访问授权，它使用户可以定义拥有访问权的用户名和密码；支持 SSL 协议，提供客户端身份鉴定和 Internet 上的访问控制。

②Server Manager 软件是一个面向任务的服务器管理工具。它有动态缩放能力，既可以应付重负载，又有增加的特殊功能；易于升级到公司版服务器，而且其价格还具有一定的竞争力。

③Netscape Enterprise Server 是一个适用于工业界的 Web 服务器软件，它具有的先进特性：透明多域支持、远程监控以及配置倒卷；有完全文本搜索功能的 Verity Topic 搜索引擎技术；读/写文档层次的访问控制；文档分类和卖方提供的 Catalog Server 软件；支持 Java 和 Java Script。

（2）面向 UNIX 的各种服务器软件

①NCSA 的 HTTPD 和 CERN 的 HTTPD。NCSA 的 HTTPD 在网上应用普遍。这些系统要求配备一位资深的 UNIX 系统管理员，并且要求其具有丰富的服务器知识。

②Apache HTTPD Server。其优势功能是：提供对现存各种 HTTP 更好的兼容性；能使对出现的错误和问题产生定制反应成为可能；可以让用户建立文件甚至 CGI 脚本，当出现差错和问题时，它们将被返回。例如，可以建立一个脚本，用来截获 500 个服务器出现的差错，进行即时诊断；使多目录索引命令成为可能；Apache 对别名的数目没有固定限制，重定向次数可以在配置文件中申明；支持内容协商——可以向各种对 HTML 具有不同熟悉程度的客户提供文档，该文档提供客户所能接受的最佳信息出现方式；具备处理多重初始地址服务器的能力；可以区分发向不同 IP 地址的请求（这些 IP 地址将映射到同一机

器上）。

### 3. 数据库软件

任何一个商务网站的运作都是以网络技术和数据库技术为支撑的，人力资源网站当然也不例外。其中 Web 数据库的发展成为新的热点和难题。Web 数据库能将数据库技术与 Web 技术很好地融合在一起，使数据库系统成为 Web 的重要有机组成部分，能够实现数据库与网络技术的无缝衔接。

目前，关系数据库的应用范围最广，占据了数据库的主流地位。关系数据库最初设计为基于主机/终端方式的大型机上的应用，应用范围较为有限，随着客户机/服务器方式的流行和应用，关系数据库又经历了客户机/服务器时代，并获得了极大的发展。随着 Internet 应用的普及，由于 Internet 上信息资源的复杂性和不规范性，关系数据库初期在开发各种网上应用时显得力不从心，表现在无法管理各种网上复杂的文档型和多媒体型数据资源。后来，关系数据库对这些需求做出了一些适应性调整，如增加数据库的面向对象成分以增加处理多种复杂数据类型的能力，增加各种中间件以扩展基于 Internet 的应用能力。通过应用服务器解释执行各种 HTML 中嵌入脚本，来解决在 Internet 应用中数据库数据的显示、维护、输出以及 HTML 的格式转换等。此时，关系数据库的基于 Internet 应用的模式典型表现为一种三层或四层的多层结构。在这种多层结构体系下，关系数据库解决了数据库的 Internet 应用的方法问题，使关系数据库能够开发各种网上数据库数据的发布、检索、维护、数据管理等一般性应用。

目前，有关关系数据库的基础理论已经非常成熟，因此相关产品也很多，这里选择企业在建立网站时常用的两个数据库产品做一简单介绍。

①MS SQL Server 2000。这是一个具备完全 Web 支持的数据库产品，提供了对可扩展标记语言（XML）的核心支持以及在 Internet 上和防火墙外进行查询的能力，有充分理由值得 Web 开发人员和数据库程序员关注。另外，它为数据管理与分析带来了灵活性，允许企业在快速变化的市场环境中从容应对，从而获得竞争优势。

②My SQL。My SQL 是一个精巧的 SQL 数据库管理系统，虽然它不是开放源代码的产品，但在某些情况下用户可以自由使用。由于它的强大功能、灵活性、丰富的应用编程接口（API）以及精巧的系统结构，受到了广大自由软件爱好者甚至是商业软件用户的青睐，特别是其与 Apache 和 PHP/PERL 相结合，为建立基于数据库的动态网站提供了强大动力，所以在与 PHP 的配合使用中被称为 PHP 的黄金搭档。

# 三、人力资源网站设计

## （一）网站内容设计

商务网站作为在 Internet 上展示企业形象、企业文化、进行商务活动的信息平台，其内容的设计是一项重点，它直接影响一个网站受欢迎的程度。

1. 商务网站内容及功能的确定

任何一个网站的内容都应该有静态和动态之分，人力资源网站当然也不例外。下面分别对其进行简单介绍。

（1）网站的静态内容

网站的静态内容是指网站内容中相对不变的部分，比如网站的名称、标志等，其主要作用是维持整个网站的风格，使网站访问者能够在一个熟悉的环境下浏览网页的内容，这也是维持网站形象的一个重要手段。一个网站形象的塑造是需要很长时间的，网站形象是网站的重要资源。因此，为了保持网站的形象，对网站的静态内容一定要有详细、周密的计划。

当然，网站的静态内容只是相对静态的，并不是一成不变。但是这种改变只是在保持原有风格的基础上，对页面内容的布局做一些调整和修改。这样，网站的整体风格没有变化，但页面会比以前更好看，会给人耳目一新的感觉。

另外，一些不经常改变的页面也可以称为网站的静态内容，例如公司简介、联系方式、帮助信息、版权信息等。这些内容基本上是固定的，因此可以采用静态页面来实现，这些页面通常很少更改，或是只更改少量内容。

（2）网站的动态内容

网站的动态内容是网站内容的主体，整个网站的价值就体现在这里，因此网站建设者必须重视这部分内容。

网站的动态内容是网站经常更新的内容。一个网站建设者应该了解哪些内容属于网站动态内容。例如，人力资源网站上的业界新闻、求职信息、招聘信息及论坛等就极具时效性，这些作为动态内容都很好理解：新闻不及时更新就不能称之为新闻；求职招聘信息若不及时更新就会很快失效，网站也会很快失去访问者；论坛则更加明显，论坛上的文章以及回应都是不断变化的。所以要提高访问者的兴趣，及时更新网站的内容是必不可少的。

2. 商务网站内容设计的基本原则

(1) 提供的内容要新颖、精辟、专业

企业建立商务网站的目的是通过提供一定的内容，并根据这些内容进行电子商务活动，获取收益。而用户访问网站的主要目的是寻找自己感兴趣的信息。因此，企业要提高其电子商务网站的点击率，增加企业效益，就必须先在网站的内容上多下功夫，提供的内容要新颖、精辟、专业、有特色。内容设计要有组织，形式与内容要和谐统一。同时，网站的内容还要及时更新，只有内容不断更新，才能长期吸引浏览者。

(2) 注意网站运行速度

很多人在网站设计过程中，过多地使用各种网页设计技巧，以致忽视了网站运行速度的问题。太长的下载时间和缓慢的 Web 查询只能令用户望而却步，他们将中断访问或不再访问企业网站。因此，在设计与组织页面内容时，企业应注意如下一些问题。

①避免使用太大的图片。在页面中尽量避免使用太大的图片，如果必须使用，可事先在图形优化软件中进行分割、优化，然后在页面中使用。还可以使用压缩软件，在尽量保证图片质量的前提下，获得体积最小的图片。

②不要滥用尖端技术。网站设计的新技术层出不穷，在页面中要慎重使用尖端技术，因为用户永远是为信息而上网的，毫无节制地在用户面前卖弄新的视觉技术，其效果只会适得其反，不仅分散用户的注意力，还会增加网页的下载时间。

(3) 方便用户访问和使用

一个电子商务网站合理地组织自己要发布的信息内容，以便用户能够快速、准确地检索到要查找的信息，是其内容组织成功的关键。如果用户进入一个网站后不能迅速地找到自己需要的内容，那么这个网站很难留住他们。因此，有必要将一些信息进行分类，并提供对各种信息入口的检索功能。要尽量减少用户在购买过程中出现的干扰信息（如广告等）；要为用户提供个性化服务，与用户建立一种非常和谐的亲密关系；要尽可能地考虑用户的需求，为他们提供更周到、更完善的服务。同时，网站要有一定的交互能力，如采用留言簿、反馈表单、在线论坛等方式，以方便用户与企业网站进行信息的相互交流，加强企业与用户的联系。

## (二) 网站结构设计

一个合理的、符合逻辑的网站结构无论是对网站的建设还是网站以后的管理、维护都是大有裨益的。

1. 目录结构设计

目录结构又称物理结构，它解决的是网页文件在硬盘上的存放位置。站点的目录结构是否合理，对站点的创建效率会产生重大影响，对于站点本身的上传维护、未来内容的扩充和移植也会产生很大影响。所以，网页文件放在哪里对访问者虽然没什么关系，但是站点管理员必须清楚地知道每一个网页文件的位置。比如，如果网站的所有网页文件都放在同一个目录下，一旦文件很多，就很难区分哪些是属于同一个栏目的，更新起来会很麻烦。下面是对建立目录结构提出的一些建议。

（1）不要将所有文件都存在根目录下

有些网站设计者为了方便，将所有文件都放在根目录下，这样做会造成不利影响。比如文件管理混乱，常常弄不清楚哪些文件需要编辑和更新，哪些无用的文件可以删除，哪些是相关联的文件，从而影响工作效率，影响上传速度。服务器一般都会为根目录建立一个文件索引，当网站设计者将所有文件都放在根目录下时，即使只上传更新一个文件，服务器也需要将所有文件重新检索一遍，建立新的索引文件。很明显，文件量越大，等待的时间就越长，所以，建议尽可能减少根目录的文件存放数。

（2）按栏目内容建立子目录

建立子目录，首先按主菜单栏目建立企业站点（也可以按公司简介、产品介绍、产品价格、在线订单、反馈联系等建立相应目录）。其他次要目录和需要经常更新的栏目，可以建立独立的子目录。一些相关性强及不需要经常更新的栏目，如关于本站、站长、站点经历等，可以合并放在一个目录下。所以，程序一般都放在特定目录下，便于维护管理。所有需要下载的内容也最好放在一个目录下。

（3）在每个主目录下建立独立的 Images 目录

将图片及资源文件都放在一个独立的 Images 目录下，可以使目录结构更加清晰。但是不要只在根目录下建一个 Images 目录，然后将所有文件和图片都放在里面，这样对于目录层次比较深的页面来说，管理其所需的图片就很不方便。最好在每一个主目录下都建立独立的 Images 目录。

（4）目录的层次不要太深

建议目录的层次不超过 3 层以方便维护管理。

（5）可执行文件和不可执行文件分开放置

建议将可执行的动态网页文件和不可执行的静态网页文件分别放在两个目录下，然后将存放可执行网页文件的目录设为不可读。这样做的好处是可以避免出现动态文件被读取的安全漏洞。

2. 链接结构设计

电子商务网站是复杂的综合网站，一方面，网站自身是由一系列的页面所构成的，其结构主要是通过各种形式的超级链接来实现的；另一方面还要考虑与其他相关网站的链接，便于用户更方便地获取信息。总的来讲，网站的链接结构就是指页面之间相互链接的拓扑结构。它建立在目录结构基础上，但可以跨越目录。形象地说，每个页面都是一个固定点，链接则是在两个固定点之间的连线。一个点可以和一个点链接，也可以和多个点链接。更重要的是，这些点并不是分布在一个平面上，而是存在于一个立体的空间中。

设计网站链接结构的目的在于用最少的链接，得到最高的浏览效率。一般来说，网站的链接结构有两种基本方式。

(1) 树状链接结构（一对一）

类似 DOS 的目录结构，首页链接指向一级页面，一级页面链接指向二级页面。浏览这样的链接结构时，一级一级地进入，一级一级地退出。该结构的优点是条理清晰，访问者明确知道自己在什么位置，不会迷路。缺点是浏览效率低，一个栏目下的子页面到另一个栏目下的子页面，必须绕经首页。

(2) 星状链接结构（一对多）

类似网络服务器的链接，每个页面相互之间都建立链接。这种链接结构的优点是浏览方便，随时可以到达自己想看的页面。缺点是链接太多，容易使浏览者迷路，弄不清楚自己在什么位置、看了多少内容。

在实际网站设计中，只使用一种链接结构的情况很少，在大部分情况下是将这两种结构结合使用。这样，既可以方便用户快速地浏览到自己需要的页面，又可以使用户清晰地知道自己所在的位置。所以，最好的办法是：首页和一级页面之间使用星状链接结构，一级和二级页面之间使用树状链接结构。

链接结构的设计在实际的网页制作中是非常重要的一环。采用什么样的链接结构直接影响到版面的布局。例如，你的主菜单放在什么位置，是否每页都需要放置，是否需要用分帧框架，是否需要加入返回首页的链接。在链接结构确定后，再开始考虑链接的效果和形式，是采用下拉表单，还是采用 DHTML 动态菜单。

随着电子商务的推广，网站的竞争越来越激烈，对链接结构设计的要求已经不仅仅局限于可以方便、快速地浏览，还更加注重个性化和相关性。如何尽可能地留住用户，是网站设计者必须考虑的问题。

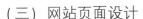

### (三) 网站页面设计

#### 1. 网页版面布局设计

虽然网页技术的发展使得网站设计者开始趋向于学习场景的编剧，但是固定网页版面设计基础依然是必须学习和掌握的。它们的基本原理是相通的，可以领会要点、举一反三。版面指的是通过浏览器看到完整的一个页面。因为每个人的显示器分辨率不同，所以同一个页面的大小可能出现 640×480 像素、800×600 像素、1 024×768 像素等不同尺寸。布局则指以最适合用户浏览的方式将图片和文字排放在页面中。

具体到网站的每一个网页，其排版布局要达到一种和谐的状态才算是成功的网页设计，同样的图像和文字用不同的方式将其组合起来，很可能产生截然不同的效果。网页的内容和页面的形式都是网站设计者必须考虑的，只考虑内容，不重其形式，会影响用户浏览时的情绪；只顾页面的排版形式，不顾内容，用户也不会喜欢。二者缺一不可，少了任何一个，都是失败的设计。

#### 2. 版面布局的步骤

版面布局的步骤如下。

(1) 草案设计

草案设计属于创造阶段，不讲究细腻工整，也不必考虑细节功能，只以粗陋的线条勾画出创意的轮廓即可。这种设计图要尽可能多画几张，最后选定一幅较满意的设计图作为继续创作的脚本。

(2) 粗略布局

在草案的基础上，将需要放置的功能模块安排在页面上。功能模块主要包含网站标志、主菜单、新闻、搜索、友情链接、广告条、邮件列表、计数器、版权信息等。注意，这里网站设计者必须遵循突出重点、平衡协调的原则，将网站标志、主菜单等重要模块放在最显眼、最突出的位置，然后再考虑次要模块的排放。

(3) 最后定案

将粗略布局精细化、具体化，最后达到满意定案。

#### 3. 常见的版面布局形式

常见的版面布局有以下几种。

（1）"T"形布局

所谓"T"形，就是指页面顶部为横条网站标志和广告条，在下方为主菜单，右下方显示内容的布局。因为菜单条背景较深，整体效果类似英文字母"T"，所以称为"T"形布局，这是网页设计中使用最广泛的一种布局方式。这种布局的优点是页面结构清晰、主次分明，且是初学者最容易掌握的布局方法。缺点是规矩呆板，如果色彩细节上不注意，很容易让人感到乏味。

（2）"口"形布局

这是一个象形的说法，就是页面一般上下各有一个广告条，左面是主菜单，右面放友情链接等，中间是主要内容。这种布局的优点是充分利用版面，信息量大。缺点是页面拥挤，不够灵活。也有将四边突出，只用中间的窗口形设计的。

（3）"三"形布局

这种布局多用于国外站点，国内使用的不多。特点是页面上横向有两条色块将页面整体分割为三部分，色块中大多放广告条。

（4）对称对比布局

顾名思义，采取左右或者上下对称的布局，一半深色，另一半浅色，一般用于设计型站点。优点是视觉冲击力强，缺点是若想将两部分有机地结合起来比较困难。

以上总结了目前网络上常见的布局，此外，还有许多别具一格的布局，关键在于网站本身的创意和设计。

4. 页面版面布局应遵循的原则

（1）正常平衡

正常平衡亦称"匀称"，多指左右、上下对照的形式，主要强调秩序，能达到安定、诚实和可信赖的效果。

（2）异常平衡

异常平衡，即非对照形式，但也要注意平衡和韵律。这种布局能达到突出和引人注目的效果。

（3）对比

所谓对比，是指不仅利用色彩、色调等技巧来表现，还在内容上涉及古与今、新与旧的对比。

（4）空白

空白有两种作用，一种表示网站的突出卓越，另一种表示网页品位的优越感，这种表现方法对体现网页的格调十分有效。

（5）尽量用图片解说

此法对不能用语言说服或用语言无法表达的情感特别有效。图片解说的内容可以传达给用户更多的感性认识。

以上设计原则虽然有些枯燥，但是如果网页设计人员能领会并活用到网页布局里，效果则大不一样。比如，网页的白色背景太虚，则可以加些色块；版面零散，可以用线条和符号串来分隔；左面文字太多，则右面可以插张图片以保持平衡；表格太过死板，则可以改用倒角或圆角等。

5. 页面中图片和文字的处理

用户在网上一般会四处漫游，企业必须设法吸引他们对企业站点的注意力，所以企业电子商务网站的设计中要善于利用一些特色的效果，页面上最好有醒目的图像、新颖的画面、美观的字体，使其别具一格，令人过目不忘。

（1）图片使用

图像的内容应有一定的实际作用，切忌虚饰浮夸，最佳的图像应集美观与信息内容于一体。图像总是为页面的使用而服务的，一幅大而漂亮的图片，如果妨碍了页面所要进行的工作，就会降低页面的整体质量。在这种情况下，使用小图像甚至不使用图像是更好的选择。一个页面的好坏在于它是否提供了有用的信息，所以不管图像如何漂亮或标新立异，都不能随意将它加入页面中。

图像可以弥补文字的不足，但并不能完全取代文字。很多用户把浏览软件设定为略去图像，只看文字以求节省时间。因此，网站设计者制作页面时，必须将图像所包含的重要信息或链接指示用文字替代功能重新表达一次。

（2）网站字体

网站字体的使用要注意以下几点。

首先，不要用太大或太小的文字。因为版面是宝贵而有限的，粗陋的大字不能给用户更多的信息。文字太小，用户读起来困难；文字太大，或者文字视觉效果变化频繁，用户看起来会很不舒服。另外，按现在的阅读习惯，文本大都是居左的，所以最好使文本左对齐，而不是居中。当然，标题应该居中，因为这符合用户的阅读习惯。

其次，避免过多使用不停闪烁的文字。闪烁的文字看起来好玩，但它会使用户分心，最好避免过多地使用。有的网页设计者想通过闪烁的文字引起用户的注意，但一个页面中最多不要超过三处闪烁的文字，太多了会给用户一种眼花缭乱的感觉，影响用户访问该网站的其他内容。

最后，不要使用不常用的字体。网站中应该使用常用的字体，如宋体、楷体等。如果使用不常用的字体制作网页，就会使用户访问网页时达不到理想的效果。

6. 网页的色彩效果设计

网页的色彩也是树立网站形象的一个要素。色彩搭配看似简单，实际上却是网页设计中很难处理的问题之一。如何运用最简单的色彩表达最丰富的含义是网站设计人员应认真思考的问题。在网页设计中，根据和谐、均衡和重点突出的原则，将不同的色彩组合、搭配来构成美丽的页面。色调及黑、白、灰的三色空间关系，无论是在设计上还是在绘画上，都起着重要的作用。但是需要注意，每个网站都应该有自己的主色调，不可为追求视觉效果而滥用颜色。例如，号称蓝色巨人的 IBM 就用蓝色作为自己网站的主色调。此外，色彩还会对人们的心理产生影响，应合理地运用。按照色彩的记忆性原则，一般暖色较冷色的记忆性强。色彩还具有联想与象征的特性，例如，红色象征火、血、太阳，蓝色象征大海、天空和水面等。

在色彩运用过程中，还应注意的一个问题是由于国家和种族的不同，宗教信仰、地理位置以及文化修养的差异，不同的人群对色彩的喜恶程度有很大的差别，生活在闹市中的人们喜欢淡雅的颜色；生活在沙漠中的人们喜欢绿色。网站设计人员在设计中要考虑到网站的主要用户群的背景和构成。

另外，在网页色彩的处理上，要注意以下两点：一是色彩的使用要与众不同，有自己的个性，这样网页才会引人注目，并给用户留下深刻的印象。二是色彩的使用要考虑到用户的心理感受，一定要合理搭配，从总体上给人一种和谐、愉快的感觉。

# 第四节　人力资源网站的安全与推广

一个商务网站建成以后，安全问题和推广问题就成为经营者最关注的两个问题。

## 一、网站面临的安全问题

在计算机系统中，网站是最容易受到攻击的对象。因为网站本身就是暴露在 Internet 中让用户访问的，所以受到攻击不可避免，关键是如何提高自身的防御能力。要提高网站的安全性能，企业必须了解网站面临的安全问题，并对网络信息系统存在的安全缺陷和可能受到的各种攻击有深入和正确的理解。

## (一) 安全问题的类型

网站所面临的安全问题大概可分为物理安全、网络安全、数据安全等类型。

### 1. 物理安全

所谓物理安全,主要是指主机硬件和物理线路的安全,其中包括火灾等自然灾害,以及辐射、硬件故障、搭线窃听、盗用等。

### 2. 网络安全

网络安全是指计算机联网所带来的安全问题。由于大部分互联网软件协议没有安全性设计,所以网络计算机可以被任何一台上网计算机攻击。而且网络服务器经常用超级用户特权来执行,这样就存在着大量的安全隐患,会出现如非法授权访问、攻击信息的完整性、冒充主机和用户、干扰服务等一系列安全问题。

### 3. 数据安全

在网站客户和网站之间存在着数据传递,这些数据有些包括客户的敏感信息,所以它们的安全性是各方都关心的问题。其安全性主要包括数据的保密性、数据的完整性和数据的不可否认性等。

## (二) 安全问题的表现形式

入侵者对商务网站发起的攻击是多样的,其攻击层次与商务网站所采取的安全措施紧密相关。它们的表现形式也不尽相同,主要有如下几种形式。

### 1. 程序处理错误

在使用计算机过程中,有时系统会陷入混乱的局面,此时机器对任何输入都没有反应,这是程序出错或者使用了盗版软件的缘故。通过网络也可以使正在使用的计算机出现这种无响应、死机现象。这是一种处理 TCP/IP 协议或者服务程序的错误,是故意在输入端口的数据报的偏移字段和长度字段中写入一个过大或过小的值所致。操作系统不能对此做出处理,从而造成死机情况发生。

### 2. Web 欺骗

Web 欺骗是一种在互联网上使用的针对 WWW 的攻击技术。这种攻击方法会窃取某人的隐私或破坏数据的完整性,危及使用 Web 浏览器的用户。有时,Web 管理员、Web 设计者、页面制作人员、Web 操作员以及编程人员会无意地犯一些错误,这些都将导致安全问题的发生。编程的错误可能损害系统的安全,甚至导致系统崩溃。

### 3. 网络协议漏洞

互联网中的 TCP/IP 协议在创建之初在安全性方面考虑不多。黑客千方百计地寻找网络协议的问题或漏洞,对系统进行攻击,致使系统不能正常工作,甚至崩溃。

### 4. IP 欺骗

IP 地址的伪装使某台主机能够伪装成另一台主机,被伪装的主机具有某种特权或被其他主机信任。IP 欺骗通常用程序来实现。另外,目前网上也有大量可发送伪造 IP 地址的工具包可以使用,使用这些工具包可以任意指定原 IP 地址,以免留下自己的痕迹。

### 5. 远程攻击

远程攻击是指专门攻击自己计算机以外的其他计算机(无论被攻击的计算机和发起攻击的计算机位于同一子网还是有千里之遥)。进行远程攻击的第一步并不需要和攻击目标进行密切的接触。入侵者的第一个任务是决定他要对付谁。

### 6. 缓冲区溢出攻击

缓冲区溢出是一个非常普遍的漏洞,在各种操作系统、应用软件程序中广泛存在,危害也很大。其基本原理是:向一个有限空间的缓冲区复制了过长的字符串,带来了两种后果:一是过长的字符串覆盖了相邻的存储单元而造成程序瘫痪,甚至造成死机、系统或进程重启等;二是利用漏洞可以让攻击者运行恶意代码,执行任意指令,甚至获得超级权限等。

## (三) 安全问题的引发因素

一个商务网站,其开放性使其面临着许多安全方面的威胁。产生安全问题的因素大概归为以下三类。

### 1. 人的因素

在任何商业交往中人都是最关键的,很多商务网站的安全问题是人为因素造成的。提到人为因素,人们往往想到蓄意破坏,其实这里的人为因素绝不仅仅是指蓄意破坏。

(1) 网站管理人员精力不集中引发的意外

网站工作人员精力不集中造成的安全事故很多,例如,把一个客户账号中的两位号码输反,想按 "OK" 按钮时却按了 "Cancel" 按钮,错误删除了重要文件等。

(2) 缺乏经验

假如某个用户的数据库出现问题,有关技术人员正在出差或休假,但运行不正常会给公司带来很大的损失，公司管理者要求另一个计算机工程师去处理，但他从未在用户数据库软件上工作过。当他努力解决这个问题的时候，也可能就是出错之时。

（3）修改数据

计算机操作人员从技术上修改数据是一件很容易的事，如果缺乏有效的制约机制，就会被一些人钻空子，对数据造成破坏。

（4）蓄意破坏

当网络遭受蓄意破坏时，数据的完整性会遭到彻底的破坏。

2. 网络因素

网络的全球性、开放性、无缝接通性、共享性、动态性等特征使任何人都可以自由地进入网络。正是这样一个开放的环境，使企业发布信息更方便，用户选择所需要的产品或服务更迅捷，与此同时，在网络中传输的信息也更容易被截获。开放（共享）和保密是相互矛盾的，既要保持系统开放，又要保持某些信息的安全、保密，解决这一矛盾就需要一系列的安全技术来实现。

3. 其他因素

一个商务网站的运作是基于一个复杂的网络环境，它对系统安全的依赖性很强，特别是对数据库服务器的可靠性、各种网络设备的安全性要求很高。还有雷电之类的天灾、软件故障等不安全因素都会给一个复杂的系统带来威胁。

（四）黑客攻击"三部曲"

通常，一个网络攻击者发起攻击有三步：通过合法或非法手段收集信息、探测系统的安全薄弱之处和实施网络攻击。

1. 通过合法或非法手段收集信息

信息收集的目的是进入要攻击的目标网络的数据库。黑客会利用下列公开协议或工具，收集驻留在网络系统中的各个主机系统的相关信息。例如，利用 SNMP 协议查阅网络中的路由表，了解目标及所在网络的拓扑结构及其内部细节；用 Trace Route 程序获得达成目标及所要经过的网络数和路由器数；用 Ping 程序来确定一个指定的主机位置；使用自动拨号软件达成向目标站点一次连续拨出大批电话号码，直到遇到某一正确的号码使其 Modem 响应；利用 Finger 协议获取一个指定主机上的所有用户注册名、电话号码、最后注册时间以及他们有没有读邮件等信息；利用 DNS 服务器了解系统中可以访问的主机 IP 地址表和它们所对应的主机名。

2. 探测系统的安全薄弱之处

攻击者在收集到目标的网络信息之后，便依次探测网络上的各台主机，以发现系统的安全漏洞。探测主机就是用自动扫描程序对主机进行扫描，以获得系统的安全薄弱之处。目前常用的两种方式有：

①直接利用公开的工具，对整个网络或子网进行扫描，寻找安全漏洞。

②自编程序。电子商务中的许多技术是复杂的，新产品或系统总是不断被发现有安全漏洞，提供这些产品或系统的厂商经常会提供一些"补丁"程序来堵塞已发现的漏洞。如果网站管理人员不重视、不及时使用这些补丁程序，攻击者就会乘虚而入，利用补丁程序接口，自己编写程序，通过该接口进入目标系统。

3. 实施网络攻击

攻击者利用上面的手段获得目标系统的访问权，接着开始实施攻击。首先，攻击者做准备工作以销毁攻击时留下的线索，并埋下伏兵，为以后攻击打下基础。例如，毁掉入侵的痕迹并在入侵的系统上发现新的安全漏洞；安装探测器软件，用来窥探所在系统的活动；收集 Telnet 和 FTP 的账号名和口令等信息；查寻受攻击系统在网络中的信任等级，通过该系统信任级可展开对整个系统的攻击。接着进行实际攻击：读取邮件、搜索和盗窃文件、毁坏数据、破坏整个系统等。

## 二、网站安全策略

网站安全策略属于网络信息安全的上层建筑，是网络信息安全的灵魂和核心。安全策略为保证信息基础的安全性提供了一个框架，提供了管理网络安全性的方法，规定了各有关网站管理人员要遵守的规范及应负的责任，使信息网络系统的安全管理有了切实的依据。

网站安全策略一般包括物理安全策略、访问控制策略、数据加密策略、网络安全管理策略等内容，这个策略会随时间的变化而变化，网站的安全管理人员必须定期评估和修改安全策略。

（一）物理安全策略

该策略的目的是保护计算机系统、网络服务器、打印机等硬件实体和通信线路免受自然灾害、人为破坏和搭线攻击。采用的措施有：验证用户的身份和使用权限、防止用户越权操作；确保计算机系统有一个良好的电磁兼容工作环境；建立完备的安全管理制度，防止非法进入计算机控制室和各种偷窃、破坏活动的发生。

抑制和防止电磁泄漏是物理安全策略的一个主要问题。目前主要防护措施有两类：一类是对传导发射的防护，主要采取对电源线和信号线加装性能良好的滤波器，减小传输阻抗和导线间的交叉耦合。另一类是对辐射的防护，这类防护措施又可分为以下两种：一是采用各种电磁屏蔽措施，如对设备的金属屏蔽和各种接插件的屏蔽，同时对机房的下水管、暖气管和金属门窗进行屏蔽和隔离；二是干扰的防护措施，即在计算机系统工作的同时，利用干扰装置产生一种与计算机系统辐射相关的伪噪声向空间辐射来掩盖计算机系统的工作频率和信息特征。

（二）访问控制策略

访问控制策略是网络安全防范和保护的主要策略，主要任务是保证网络资源不被非法使用和访问。它也是维护网络系统安全、保护网络资源的重要手段。各种安全策略必须相互配合才能真正起到保护作用，但访问控制策略可以说是保证网络安全最重要的核心策略之一。主要包括以下几个方面。

1. 入网访问控制

入网访问控制为网络访问提供第一层访问控制，控制哪些用户能够登录到服务器并获取网络资源，控制允许用户入网的时间和准许他们在哪台工作站入网。

用户的入网访问控制可分为三个步骤：用户名的识别与验证、用户口令的识别与验证、用户账号的缺省限制检查。三道关卡中只要任何一关未过，该用户便不能进入该网络。对网络用户的用户名和口令进行验证是防止非法访问的第一道防线。用户注册时首先输入用户名和口令，服务器将验证所输入的用户名是否合法。如果验证合法，可继续验证用户输入的口令，否则，用户将被拒绝。用户的口令是用户入网的关键所在。为保证口令的安全性，用户口令不能显示在显示屏上，口令长度应不少于 6 个字符，字符最好是数字、字母和其他字符的混合，而且用户口令必须经过加密。

用户还可采用一次性用户口令，也可用便携式验证器（如智能卡）来验证用户的身份。网络管理员应该控制和限制普通用户的账号使用，访问网络的时间、方式。用户名或用户账号是所有计算机系统中最基本的安全形式。用户账号只有系统管理员能建立。用户口令应是每个用户访问网络所必须提交的"证件"。用户名和口令验证有效之后，进一步履行用户账号的缺省限制检查。当用户对交费网络的访问"资费"用尽时，网络还应对用户的账号加以限制，用户此时应无法进入网络访问网络资源。网络应对所有用户的访问进行审计。如果多次输入口令不正确，则认为是非法用户的入侵，应给出报警信息。

2. 网络权限控制

网络的权限控制是针对网络非法操作所提出的一种安全保护措施。用户和用户组被赋予一定的权限，网络控制用户和用户组可以访问哪些目录、子目录、文件和其他资源，指定用户对这些文件、目录、设备能够执行哪些操作。受托者指派和继承权限屏蔽可作为其两种实现方式。受托者指派控制用户和用户组如何使用网络服务器的目录、文件和设备。继承权限屏蔽相当于一个过滤器，可以限制子目录从父目录那里继承哪些权限。可以根据访问权限将用户分为特殊用户（系统管理员）、一般用户和审计用户（负责网络的安全控制与资源使用情况的审计）。

3. 目录级安全控制

网络应允许控制用户对目录、文件、设备的访问。用户在目录一级指定的权限不仅对所有文件和子目录有效，还可进一步指定对目录下的子目录和文件的权限。对目录和文件的访问权限一般有八种：系统管理员权限、读权限、写权限、创建权限、删除权限、修改权限、文件查找权限、存取控制权限。用户对文件或目标的有效权限取决于用户的受托者指派、用户所在组的受托者指派、继承权限屏蔽取消的用户权限。一个网络系统管理员应当为用户指定适当的访问权限，这些访问权限控制着用户对服务器的访问。八种访问权限的有效组合可以让用户有效地完成工作，同时又能有效地控制用户对服务器资源的访问，从而加强了网络和服务器的安全性。

4. 属性安全控制

当用文件、目录和网络设备时，网络系统管理员应给文件、目录等指定访问属性。属性安全控制可以将给定的属性与网络服务器的文件、目录和网络设备联系起来。属性安全在权限安全的基础上提供更进一步的安全性。网络上的资源都应预先标出一组安全属性。用户对网络资源的访问权限对应一张访问控制表，用以表明用户对网络资源的访问能力。属性设置可以覆盖已经指定的任何受托者指派和有效权限。属性安全控制往往能控制以下几个方面的权限：向某个文件写数据、复制一个文件、删除目录或文件、查看目录和文件、执行文件、隐含文件、共享、系统属性等。网络的属性可以保护重要的目录和文件，防止用户、目录和文件的误删除、修改、显示等。

5. 网络服务器安全控制

网络允许在服务器控制台上执行一系列操作。用户使用控制台可以进行装载和卸载模块、安装和删除软件等操作。网络服务器的安全控制包括可以设置口令锁定服务器控制台，以防止非法用户修改、删除重要信息或破坏数据；可以设定服务器登录时间限制、非法访问者检测和关闭的时间间隔。

6. 网络监测和锁定控制

网络管理员应对网络实施监控，服务器应记录用户对网络资源的访问。对非法的网络访问，服务器应以图形、文字或声音等形式报警，以引起网络管理员的注意。如果不法之徒试图进入网络，网络服务器会自动记录其企图进入网络的次数，如果非法访问的次数达到设定数值，那么该账户将被自动锁定。

7. 网络端口和节点安全控制

网络中服务器的端口往往使用自动回呼设备、静默调制解调器加以保护，并以加密的形式来识别节点的身份。自动回呼设备用于防止假冒合法用户，静默调制解调器用以防范黑客的自动拨号程序对计算机进行攻击。网络还常对服务器端和用户端采取控制，用户必须携带证实身份的验证器（如智能卡、磁卡、安全密码发生器），用户的身份只有通过验证才能进入用户端，然后，用户端和服务器端再进行相互验证。

8. 防火墙控制

防火墙是发展较快、使用较广的一种提供网站安全的技术性措施。它以路由器或堡垒主机建立阻隔内外网的屏障，通过软件设置 IP 通信的安全策略，使网站能在提供服务的前提下阻挡外部的非法侵入。

防火墙是指放在两个网之间的一个组件和系统的聚集体，有如下属性。

①从内到外和从外到内的所有访问都必须通过它。

②只有本地安全策略所定义的合法访问才被允许通过。

③系统对穿透力有高抵抗力。

防火墙在内部网和外部网之间建起一道屏障，检查进入内部网络的信息是否允许通过、外出的信息是否允许出去或是否允许用户的服务请求，从而阻止对内部网络的非法访问和非授权用户的出入。防火墙也可以禁止特定的协议通过相应的网络。

但是，防火墙只是一种被动防卫技术，并且防火墙只能对跨越防火墙边界的信息进行检测、控制，不能防范不通过它的连接带来的危险，而且不能防范恶意的知情者（因对网络内部人员的攻击不具备防范能力）。它不能防范所有的潜在威胁，主要是针对 TCP/IP 协议族。所以，防火墙不是网络安全的全部保证，许多风险是在防火墙的防范能力之外的。

### (三) 数据加密策略

加密的目的是保护网内的数据、文件、口令和控制信息,保护网上传输的数据。网络加密常用的方法有链路加密、端点加密和节点加密三种。链路加密的目的是保护网络节点之间的链路信息安全;端点加密的目的是对源端用户到目的端用户的数据提供保护;节点加密的目的是对源节点到目的节点之间的传输链路提供保护。用户可根据网络情况酌情选择上述加密方式。信息加密过程由形形色色的加密算法来具体实施,它以很小的代价提供很大的安全保护。在多数情况下,信息加密是保证信息机密性的唯一方法。

### (四) 网络安全管理策略

在网络安全中,除了采用上述技术措施之外,加强网络的安全管理,制定有关规章制度,对确保网络安全、可靠地运行将起到重要作用。网络的安全管理策略包括:确定安全管理等级和安全管理范围;制定有关网络操作使用规程和人员出入机房管理制度;制定网络系统的维护制度和应急措施等。

## 三、网站推广

网站的推广方式基本上可以分成两类:一类是传统的推广方式,另一类是基于互联网的推广方式。

### (一) 网站推广的传统方式

互联网是一个具有十分诱人发展前景的广告载体,但是传统的方式也不能完全抛弃。尤其是在目前我国电子商务发展水平不平衡的情况下,要推广企业网站,还必须依赖于传统媒体的宣传。传统媒体的宣传可采用以下几种形式。

1. 户外广告

户外广告的种类繁多,人们常常在路旁、地铁内看到巨幅的网站广告牌,制作非常精致,而且在晚上还可以为路人提供一定的照明便利;还有公交车车厢内外、火车中的流动广告等,为城市提供了一道亮丽的风景线,给过往行人留下了深刻的印象。

2. 广播、报纸、电视

广播、报纸、电视都是拥有巨大用户群体的媒体,具有很多优势,有良好的宣传效果,所以,其是企业在进行网站宣传时非常值得考虑的一种方式。

### 3. 口头传播

这种方法虽然是最古老的信息传播方式，但在许多情况下人们知道某个网站的网址，常常是通过朋友或同事之间的口头介绍得来的，所以企业切勿忽略这种方式。企业应利用各种公关场合宣传自己的网站及其服务内容。熟人之间口头传播的信息还具有使人感到可信度高的优势。

### 4. 企业公关

企业在和外界往来的公关活动中，经常要消耗大量的信封、信纸、宣传材料、名片、各种礼品之类的东西，在这些材料上印制企业的网址和电子邮箱，成本不高，却会收到较好的效果。

### 5. 加入专业数据库

加入专业数据库是指将公司的有关资料加入国际、国内著名的专业数据库。这样，在网民们检索信息时就很容易发现本企业网站的信息。

### 6. 通知原有客户

企业拥有自己的网站后，要及时采取信件或电子邮件的方式直接通知所有老客户，以后的一部分业务往来可以通过网络联系。当每次网站内容有变化时，企业都要及时通知客户，既显示出对客户的尊重，又宣传了企业的网站。

应该注意的是，网站推广的基础还是网站本身的吸引力。因此，在推广商业网站之前，首先要检查网站的质量是否有问题；网站信息内容是否足够丰富、准确、及时；网站设计是否具有专业水准；企业是否已经明确网站目标市场。如果企业网站自身没有丰富而吸引人的内容，那么无论用什么方法推广，都无异于在做虚假广告。

## （二）网上推广策略

互联网不仅创造了电子商务，也创造了很多广告和宣传方式，被称为继报刊、广播、电视后的第四媒体。而且，互联网的宣传功能和效果要远远超过其他任何一种传统媒体。首先，网上宣传不仅形式多样、灵活，而且采用多媒体技术，使其具有了传统媒体所无法比拟的宣传效果；其次，网上信息的传递是多向、互动的沟通方式，更使得网上宣传具有个性化、一对一等特征。因此，网络媒体是推广网站的最有利工具。

推广网站的目的就是提高网站访问量进而促进网络营销。网站的经营者应该充分利用互联网的特性和自己对目标市场的准确定位，让更多潜在客户认识自己的网站并成为回头客。所以，企业在进行网站推广的时候，一定要借助网络媒体这个极有利的宣传渠道。下面就从登记搜索引擎、使用电子邮件进行推广、网站链接三方面进行介绍。

1. 登记搜索引擎

搜索引擎是网民在网上查找信息的最重要工具，因此，登记搜索引擎便成了最为重要的网络推广方式之一，尤其是在主要门户网站的搜索引擎中注册，其是宣传自己网站最有效的方法，而且注册的搜索引擎越多，企业主页被访问的机会就越多。

互联网上的网站很多，企业要让一个上网者在茫茫网海中发现自己的网站并非易事，所以在网站建成后，应赶快到著名搜索引擎站点登记。这样喜爱用搜索引擎进行网上冲浪的用户才有可能发现企业的网站。

企业到搜索引擎注册自己的网站时要注意以下问题。

（1）了解搜索引擎如何工作

一些比较著名的搜索引擎，它们的网站功能相似，都是把众多的网站分门别类放到一个网站里，以便用户查询访问。当企业向搜索引擎提交申请之后，搜索引擎就会自动前来访问企业的站点，目的就是收集有关材料，并且以后每个月还会访问一到两次，以确认所注册网站的内容是否进行了更新。搜索引擎收集的资料被输入搜索引擎的索引当中，那里面有所收集的每个网页的副本。如果每个网页做了更新，那么索引中的相应内容也会做出更新。

（2）查看日志文件

搜索引擎在访问企业站点之后，会在日志文件中留下记录，通过代理名或主机名都可以发现这个记录。使用代理名会好一些，因为搜索引擎会在不同的访问中使用不同的主机名，如果没有代理信息或没有日志分析软件，也可以使用主机名。当然首先必须知道要查看的内容。第一个需要查找的文件就是 robots.txt，这个文件存在于 Web 服务器的根目录中，作用是告诉搜索引擎不要把网站中的某些部分列入索引。因此只要是请求使用 robots.txt 文件的，要么是搜索引擎，要么就是某个代理软件。分析这些请求情况的记录，一般都可以从其主机名的使用中发现那些来自主要搜索引擎的搜索程序，进而找到它们所使用的最新代理名。

（3）尽量使自己的网站排名靠前

仅仅注册搜索引擎还是不够的。要知道在一些著名网站的搜索引擎上每天申请登记的网址数目就有上千个，企业的网站虽然被收录了，但是很有可能被排在靠后的位置，这和没有注册的效果相差无几。

用户平时上网使用搜索引擎时，对于搜索结果总是先翻看排名靠前的搜索结果，至于后面的则没有多大的兴趣，所以企业网站注册搜索引擎之后还要进一步考虑如何使自己的排名尽量靠前。有些搜索引擎还推出了"竞价排名"服务，出价高的网站在搜索时被排在前面，这样就可以获得更高的访问率。

常用注册搜索引擎的方法有以下几种。

①挂接软件的使用。现在存在很多与搜索引擎建立联系的共享软件，这类软件能够"知道"很多搜索引擎的地址及相应用法，只要按照软件的操作向导去完成操作，就可以在很短的时间内把站点送至多个搜索引擎上面。

②手工注册。有些搜索引擎要靠手工注册，它们不支持软件自动注册的方式，所以它们是采用人工方式收集网址的，这样可以保证所收录网址的质量，在分类查询时所获得信息的相关性比自动搜索的搜索引擎站点要好。

③委托 ISP 注册。ISP 可以提供搜索引擎的注册服务。在委托 ISP 注册时，一般要提供搜索关键字，可以是中文，也可以是英文。提供 50 字以内的网站介绍，中英文都可。然后将相应的款项转入虚拟主机供应商账户，ISP 就开始进行代理注册服务。

2. 使用电子邮件进行推广

电子邮件是互联网的一项服务功能，所以企业在进行网站推广时应充分使用这项功能。企业在使用电子邮件进行宣传网址时，要注意以下几个方面。

（1）收集技巧

主动收集的方法就是想方设法让用户参与进来，如采用竞赛、评比、猜谜、网页特效、优惠、售后服务和促销等方法。通过这些方法，企业有意识地扩大自己的客户群，不断地用 E-mail 来维系与他们的关系。

（2）准确定位

企业发送电子邮件时，应注意接收人的感受。一味滥发邮件，其结果往往适得其反。所以，在发电子邮件时一定要做好潜在客户分析，然后再发送。

（3）发送周期

发送周期的决定因素在于发送的内容，时效短的东西周期也要短。一般的信息不要过于频繁发送，最重要的一点就是所发送的信息一定要有精品意识，这样对企业来说是有好处的。

（4）邮件列表

企业要善于管理所收集到的邮件地址。企业在发送邮件时要找到免费的邮件列表供应商，创建一个邮件列表，把自己搜集到的地址统统放进去，直接向这个邮件地址发送即可。创建邮件列表的时候，把搜集到的地址按照类别存放，然后向不同列表发送邮件。每个收件人在收件人栏目里看到的仅仅是自己的姓名，这样既方便了邮件的发送，也避免了很多个收件人的名字列在收件人栏目里。企业网站可以利用各种邮件软件自行建立邮件列表，也可以使用 EURODA 这种优秀的 E-mail 软件。使用 EURODA 的 Nicknames 工具，只要建立一个别名就可以包含所有 E-mail 地址，然后以 Bcc（秘密抄送）的方式发出即可。每个邮件列表最好以 100 个邮件地址为限。另外，还可通过国内一些专门提供邮件列表服务的网站得到邮件列表服务。

（5）个性化服务

美国有很多在线交易网站会记录客户电子邮件信息，他们会用电子邮件进行客户跟踪。他们在网页上设计相应的表单，让用户提供自己的资料，然后通过这些信息进行个性化服务，也可以通过客户的浏览记录发送相关新产品的信息，这样显得有人情味，容易留住客户并且发展新客户。

（6）使用签名文件

签名文件被称为互联网上的广告牌。在签名文件里，企业要列入的信息包括：姓名、职位、公司名、网址、电子邮件地址、电话号码，这使潜在用户容易对企业的网址产生信赖感并可以引导用户浏览企业的网站。

（7）必须避免的问题

电子邮件虽然是一种很好的网络营销方式，但是也要恰当地加以应用，不能滥用，否则会被视为垃圾邮件，造成接收者的反感，所以在实际使用中还要注意避免出现以下问题：滥发邮件；邮件主题不明确；隐藏发件人的姓名；邮件内容复杂，占用空间大；邮件采用了附件形式；邮件发送频率过高；发送对象不明确；邮件内容的格式混乱等。

3. 网站链接

网站链接相对于搜索引擎来讲，能够更迅速、更有效地吸引访问者，以利于扩大影响力。网站链接有多种模式可以选择使用。

（1）行业链接

通常每一行业都会有一个或几个访问量比较大的权威性网站，人力资源网站也不例外。通过在这样的网站上加入链接，能够比较准确地圈定访问者的类型，提高网站的利用率。

（2）友情链接

寻找与客户网站信息有相互承接或相互补充的网站，与他们取得联系并设定相互的友情链接（交换链接）。为此，客户网站上最好有一个专门友情链接其他网站的网页，以免访问者还未真正了解到客户的信息就跳转到其他网站上。

（3）广告交换

互联网上有很多广告交换组织，如 Web Union 网盟和 Lin kex change 等。这两个图标广告服务提供商专门从事全球范围内图标广告的自由交换服务。

（4）有偿广告

如果企业觉得前三种链接方法对增加网站访问量帮助不大，或者不适合企业的网站，那么，可以选择有偿广告的方式，选择几个适合放置网站广告的网站进行广告发布。费用的多少一般取决于该网站的知名度及访问量。但通常只要广告的图标设计醒目、吸引人，并且链接的内容丰富，客户网站的访问量会有显著上升。

# 第五章 基于大数据的人力资源规划与招聘

## 第一节　人力资源规划概述

人力资源规划有宏观与微观之分。前者是社会范畴的事情，后者是组织内部的事情。本书论述的重点放在后者，也就是组织的人力资源规划上。

人力资源规划是组织管理中一项十分重要的战略性管理职能。如果是企业，则根据自身的经营业务、组织架构等内部因素，以及政治、经济、社会和法律等环境因素，还有未来可能的发展趋势的综合考虑而制订相应的规划，目的在于帮助企业减少未来的不确定性，将资源集中到与组织目标相一致的经营活动中，使目标更容易实现。换言之，企业的各项管理工作都需要在规划的指导下进行。人力资源管理同其他管理活动一样，也须制订规划。

任何组织的健康发展既离不开优秀的人力资源，也离不开人力资源的有效配置，两者缺一不可。优秀的人力资源是一个企业永葆活力的源泉，如何在茫茫人海、万千求职者中为企业寻找最合适、最优秀的人才，如何更好地吸引众多优秀的人才并且长期留住人才、培养发展人才，从而使企业在任何挑战面前都能保持强劲的竞争力，并为企业持续发展提供雄厚的人力支持，一直以来是人力资源部门最核心的职能。

20 世纪 90 年代以后，许多企业开始将人力资源规划工作与企业的人力资源战略管理相结合，使人力资源规划在企业人力资源管理中发挥重要的指导作用。为了解企业人力资源规划，首先必须了解什么是人力资源，什么是规划，然后才能了解什么是企业人力资源规划，以及企业人力资源规划的作用，如何更好地进行人力资源规划。

### 一、什么是人力资源规划

人力资源又称劳动力资源或劳动力，是指能够推动整个经济和社会发展、具有劳动能力的人口数量的总和。在经济学上，把为了创造财富而投入生产活动中的一切要素统称为资源，包括人力资源、物力资源、财力资源、信息资源、时间资源等，其中人力资源是一切资源中最宝贵的资源，是第一资源，包括数量、质量、结构等多个方面。人力资源最基本的内涵是体力和智力。从现实应用角度看，人力资源包括体质、智力、知识和技能四个方面。人力资源与其他资源一样，也具有可开发性、时效性、增值性等特征。

通常来说，人力资源的数量等于具有劳动能力的人口数量，其质量是指经济活动人口具有的体质、文化知识和劳动技能水平。一定数量的人力资源是社会生产必要的先决条件。

从宏观上看，充足的人力资源有利于生产发展，但其数量要与物质资料的生产相适应，若超过物质资料的生产，不仅消耗了大量新增的产品，而且多余的人力也无法就业，对社会经济的发展反而产生不利影响。经济发展主要靠经济活动人口素质的提高，随着生产中广泛应用现代科学技术，人力资源的质量在经济发展中将起到越来越重要的作用。

具有劳动能力的人，不是泛指一切具有一定的脑力和体力的人，而是指能独立参加社会劳动、推动整个经济和社会发展的人。所以，人力资源既包括劳动年龄内具有劳动能力的人口，也包括劳动年龄外参加社会劳动的人口。

在劳动年龄的范围方面，由于各国的社会经济条件不同，劳动年龄的规定也不尽相同。一般是把劳动年龄的下限规定为 15 周岁，上限规定为 64 周岁。我国招收员工规定要年满 16 周岁，员工退休年龄规定男性为 60 周岁（不包括 60 周岁），女性为 55 周岁（不包括 55 周岁），所以我国劳动年龄区间应该为男性 16~59 周岁，女性 16~54 周岁。

那么，什么是规划呢？

规划是对未来整体性、长期性、基本性问题的思考和设计。规划具有综合性、系统性、时效性、强制性等特点。一个合理的规划，需要准确而实际的数据支撑，目标具有针对性，数据具有精确性，依据具有充分性。

规划的制订从时间上需要分阶段，由此可以使行动目标更加清晰，使行动方案更具可行性。

提及规划，部分政府部门工作者及高校学者都会自然想到城乡建设规划，其实人力资源也是需要规划的。如果忽视了它，也会陷入日后发展的困境。

那么，什么是人力资源规划呢？

人力资源规划，从微观上讲，即组织从实现战略目标的高度出发，根据其内外部环境及自身特长，预测未来发展对人力资源的需求，以及为满足这种需求所提供人力资源的活动过程。

　　制订人力资源规划首先要明确组织的发展战略和发展方向，需要全方位地了解企业内部的人力资源状况，以及规划期间内的人才市场变化趋势。除此之外，还要详细了解本组织最基本的主客观条件及约束，从而对企业在规划期间内的人力资源需求状况进行分析和调整，其涵盖的内容主要包括引进计划、培训计划、晋升调配计划、工资计划等方面，涉及人力资源管理中的多项工作。

　　人力资源规划，从时间上划分，可以分为长期规划（5年以上）、短期规划（1年及以内），以及介于两者之间的中期规划。从内容上划分，有组织人事规划、制度建设规划、员工开发规划。从类别上划分，可分为预警式规划和反应式规划。预警式人力资源规划，需要仔细预测未来的人力需要，并事先有系统地满足这些需要；反应式的人力资源规划，是当企业发生人力资源需要时再做出相应的反应行为。

　　从规划内容表达和存在形式不同的角度来说，人力资源规划可分为非正式规划和正式规划。非正式规划多是由管理者在头脑里或口头上做构思；正式规划则有文件和数据作为支持。随着互联网的普及，人力资源管理实现了计算机系统化，能够更好地帮助企业进行正式的人力资源规划。

　　组织进行人力资源规划主要有以下目的：规划人力发展、促使人力资源的合理使用、配合组织发展的需要以及降低用人成本。

　　人力发展主要包括人力预测、人力增补及人员培训，这三者紧密联系，不可分割。人力资源规划，一方面对目前人力现状予以综合评价分析，以及时掌握本企业的人事动态；另一方面对未来人力需求做出必要的预测，以便对企业人力的增减进行全面考虑，再据以制订人员增补和培训计划。因此，人力资源规划是人力发展的基础。

　　事实上，只有极少数企业人力资源的配置完全符合理想的状况。在绝大多数企业中，总是存在一些人的工作负荷过重，而另一些人则工作过于轻松的不平衡状态；在工作安排上，由于没有恰当地考虑工作能力与工作内容的匹配性，会导致一部分人感觉自己的能力有限，工作中存在极大的压力，而另一些人则感到能力有余，未能充分利用，造成人力的浪费。人力资源规划可改善人力分配的不平衡状况，进而谋求合理化，以使人力资源能配合组织的发展需要。

　　任何组织的特性都是在不断追求生存和发展，而生存和发展的主要因素是人力资源的获得与运用。也就是如何适时、适量及适质地使组织获得所需的各类人力资源。由于现代科学技术日新月异，社会环境变化多端，如何针对这些多变的因素，配合组织发展目标，对人力资源恰当规划甚为重要。

影响组织用人数目的因素很多，如业务类别、技术革新、机器设备、工作制度、人员能力等。人力资源规划可对现有的人力结构进行分析，找出影响人力资源有效运用的"瓶颈"，促进人力资源效能充分发挥，降低人力资源在成本中所占的比率。

人力资源规划主要有两种方法：定量法和定性法。

定量法又称"自上而下"法，它从管理层的角度出发，使用统计和数学方法，多被理论家和专业人力资源规划人员所采用。定量法把雇员视为数字，以便通过量化性别、年龄、技能、任职期限、工作级别、工资水平以及其他一些指标，把员工分成各种群体。该方法的侧重点是预测人力资源短缺、剩余和职业生涯发展趋势，其目的是使人员供求符合组织的发展目标。

定性法又称"自下而上"法，它从员工角度出发，把每个员工的兴趣作为主要考虑因素，把员工的能力和愿望与企业当前和未来的需求结合起来，受过培训、从事咨询和管理开发的人力资源管理人员通常使用这种方法。该方法的侧重点是评估员工的绩效和晋升可能性，管理和开发员工的职业生涯，从而达到充分开发和利用员工潜力的目的。

## 二、制订人力资源规划的规则有哪些

制订人力资源规划时要遵循以下规则。

### （一）充分考虑内部、外部环境的变化

人力资源计划只有充分考虑内部、外部环境的变化，才能适应组织发展的需要，真正做到为企业未来的发展目标服务。内部变化主要包括任务的变化、开发的变化、组织员工的流动变化等。外部变化是指经济社会的变化、政府人力资源政策的变化、人才市场的变化等，为了更好地适应这些变化，在人力资源规划中应该对可能出现的情况做出预测，最好能有面对风险的应对策略。

### （二）确保组织的人力资源保障

组织的人力资源保障问题是人力资源规划中应该解决的核心问题。它包括人员的流入预测、流出预测、人员的内部流动预测、社会人力资源供给状况分析和人员流动的损益分析等。因为只有建立完备的人才供给和储备系统，有效地保证组织的人力资源供给，才可能有精力进行更深层次的人力资源管理与开发。

### (三) 使企业和员工都得到长期的利益

人力资源规划不仅是面向组织的规划，也是面向员工的规划。它的设计内容、导向不仅关系着组织未来的发展状况，也密切关系着员工未来的职业发展，而组织的发展和员工的发展是互相依托、互相促进的关系，偏向任何一方都不能取得良好的结果。如果只考虑组织的发展需要而忽视了员工的发展，则会有损组织发展目标的达成。优秀的人力资源规划，既能够使组织员工实现长期利益的规划，也能够使组织和员工实现共同发展的规划。

## 三、人力资源规划的细分

### (一) 职务编制计划

即根据组织发展规划，结合职务分析报告的内容，制订职务编制计划。职务编制计划阐述了组织的组织结构、职务设置、职务描述和职务资格要求等内容，制订职务编制计划的目的是描述组织职能规模和模式。

### (二) 人员配置计划

即根据组织发展规划，结合组织人力资源盘点报告，来制订人员配置计划。人员配置计划阐述了每个职务的人员数量、人员的职务变动、职务人员空缺数量等，制订人员配置计划的目的是描述组织未来的人员数量和素质构成。

### (三) 预测人员需求计划

即根据职务编制计划和人员配置计划，使用预测方法来预测人员需求。人员需求中应阐明需求的职务名称、人员数量、希望到岗位时间等，最好形成一个标明有员工数量、招聘成本、技能要求、工作类别，以及为完成组织目标所需的管理人员数量和层次的分列表。实际上，预测人员需求是整个人力资源规划中最困难和最重要的部分，因为它要求以富有创造性、高度参与的方法处理未来不确定性问题。

### (四) 确定人员供给计划

人员供给计划是人员需求的对策性计划。主要阐述人员供给的方式（如外部招聘、内部招聘、自荐等）、人员内部流动政策、人员外部流动政策、人员获取途径和获取实施计划等。企业通过分析劳动力过去的人数、组织结构和构成以及人员流动、年龄变化和录用等资料，就可以预测出未来某个特定时刻的供给情况。

预测结果勾画出了组织现有人力资源状况以及未来在流动、退休、淘汰、升职及其他相关方面的发展变化情况。

## （五）人员培训计划

为了提升企业现有员工的素质，适应企业发展的需要，对员工进行培训是非常重要的。培训计划包括培训政策、培训需求、培训内容、培训形式、培训考核等内容。

## （六）人力资源管理政策调整计划

计划中应明确计划期内的人力资源政策的调整原因、调整步骤和调整范围等。其中包括招聘政策、绩效考评政策、薪酬与福利政策、激励政策、职业生涯规划政策、员工管理政策等。

## （七）费用预算计划

计划中主要包括招聘费用、培训费用、福利费用等预算。

## （八）关键任务风险分析及对策

每个组织在人力资源管理中都可能遇到风险，如招聘失败、新政策引起员工不满等，这些事件很可能会影响组织的正常运转，甚至会对企业造成致命的打击。风险分析就是通过风险识别、风险估计、风险驾驭、风险监控等一系列活动来防范风险的发生。

人力资源规划编写完毕，人力资源管理人员应积极地与各部门经理进行沟通，根据沟通的结果进行修改，最后再提交决策层审议通过。

# 第二节　大数据改进人力资源规划

各种经济时代的区别，不在于生产什么，而在于怎样生产，用什么劳动资料生产。劳动资料不仅是人类劳动力发展的测量器，而且是劳动借以进行的社会关系的指示器。按照劳动资料或劳动工具的标准，把人类社会发展分别称为石器时代、青铜时代、铁器时代、大机器时代。大数据时代下，作为新的生产资料，不断体现出在社会经济活动与社会管理活动中的巨大作用。劳动工具是生产力发展水平的重要标准，而生产力发展水平则是一个时代的本质特征。大数据的出现对生产力的发展起着直接的推动作用，这也是大数据时代被称为一个时代的原因。

大数据时代，数据成为真正有价值的资产，云计算、物联网等技术手段都是为数据服务开辟道路的。企业交易经营的内部信息、网上物品的物流信息、网上人人交互或人机交互信息、人的位置信息等，都成为摆在明处的资产，盘活这些数据资产，可直接作用于个人的生活选择、企业的决策甚至国家治理，改变人们的生活方式。世界上没有什么是一成不变的，应该用动态的眼光看待世界。

## 一、树立大数据意识

随着大数据的脚步日益加快，对于企业员工而言，树立大数据意识显得极为重要。企业在进行人力资源规划时，首先，要培养人力资源部门员工具备数据化意识。人力资源部门作为企业员工的管理者和培育者，他们的数据化意识直接影响企业员工数据化意识的建立。而人力资源部门具备数据化意识时所制订的人力资源规划会突出数据带来的影响和意义，从而促进企业的数据化进程，在预测岗位需求、分配供给时，提供数据化支持。数据化意识的培养要从人力资源部门深入至企业每个部门。要让人力资源部门意识到大数据背后隐藏的潜在价值，并依据大数据所隐藏的价值做出正确的人力资源规划。其次，要培养其他部门员工的大数据意识。企业员工是人力资源规划的执行者，他们大数据意识的建立，有助于人力资源规划的顺利展开以及减少规划实行的偏差。关键是要让企业员工意识到数据的重要性，并致力于收集真实、高质量、有价值的并且具有高可靠性的数据。只有当每个员工都认识到大数据所具有的价值和意义，才能使企业具备更强的竞争力。

## 二、积极搭建数据化平台

在企业规划每一年度的人力资源策略时，总会对现有的人力资源水平进行调查和确认，如果每年都要在制订人力资源战略规划的时候再去调查人力资源现状，程序会比较复杂，同时浪费了极大的财力、物力、人力。同时，在分析各个岗位的人员数量、员工能力时需要一定的时间才能准确分析出现有的状况。

倘若在企业中构建一个数据化平台，在每天的日常工作中，员工通过数据化平台，实现每天的出勤、工作绩效、薪酬等多方面记录，不仅能大大节省人力成本，而且能实现员工工作规范的检验、工作数据的统计、工作进度的共享。另外，企业还能进行监控，从而保证数据的及时性、准确性和真实性。在实现员工绩效评价的同时可以对公司每个岗位员工的能力进行有效的分析和计算。数据化平台能提供管理人员有效的员工信息，大大降低了人力资源部门在制订规划时所需要的人力、财力。而长期积累的数据比急需时的调查所得的数据更为有效。因为每一天的员工信息都会被数据化平台记录，不会存在员工出现特殊情况或特意配合调查所带来的误差。

同样，数据化平台也适合高层人员管理。数据化平台还能及时记录管理人员所制定的企业目标和长期规划，向员工传递及时有效的年度目标、当月计划甚至每日生产计划，并及时统计往日生产状况并审核。因此在这样的基础上，数据化平台对人力资源的需求和供给进行预测也显得十分方便，可及时绘制企业目标走势图，与管理人员交流、对企业战略进行设计和研讨，并对企业各个岗位需求进行有效的预测。与此同时，根据数据派遣相应数量的员工，在分析数据后对员工进行补给和删减，实现工作量的合理分配。

在制订人力资源规划方案阶段，当数据化平台显示任务量过大不能及时完成时，人力资源部门能及时采取招聘策略，补充人员。由于数据平台的建立，使绩效管理更为方便，企业人员的提升、培养、薪酬管理，都能根据数据及时有效地跟进，而对任务量不达标的员工也能进行再培训和激励。

### 三、重视发挥大数据的预测预知功能

对我国人才资源需求进行宏观预测规划，是一项意义更加重大的事情。有关学者的观点是：目前预测方法科学化水平不高，必须建立需求预测的长效机制，明确预测主体，建立人才需求的预测体系框架。显然，大数据能够在这个领域大显身手，这也是人才资源管理发展的必然趋势。

## 第三节　人力资源招聘概述

招聘工作是组织人力资源开发与管理的基础，也是组织管理体系的基础。任何组织的人员都不可能保持一成不变。以企业为例，随着企业环境和企业结构的变化，企业对人员素质的要求在不断变化，企业要吐故纳新，增进活力，就要对企业人员不断进行调整和更换。除离退休、内部晋升等原因造成职位空缺外，在市场经济条件下，企业拥有立法保障

的辞退权，同时广大员工也拥有更加充分的择业自主权，员工辞职和企业解雇职员会频繁发生，这势必会造成经常性的职位空缺，而空缺职位的人员补充，主要是通过招聘来完成的。由此可见，员工招聘对一个企业来说，是随时都可能进行的，它对维持企业的正常运行和发展起着至关重要的作用。

招聘选拔工作是人力资源管理中最基础的工作，也是出现得最早的工作。在人类社会出现雇佣关系的同时，招聘选拔活动就开始了。从这个意义上讲，招聘选拔比人事管理出现得还要早。招聘作为一种科学活动也很早就出现了，在泰罗的科学管理时代，就已经创造了招聘、筛选、工作分析等工作，这些工作后来一直是人力资源管理的基础。

从过程上讲，招聘是整个人力资源管理的开始。在当代发达国家的企业界，招聘已经发生了很大变化。一种分析思考型的现代化招聘模式已经形成。招聘工作的任务或目的是要寻找具备最适合的技能，而且具有劳动的愿望，能够在企业相对稳定工作的雇员。

企业的人员招聘工作是一个复杂、完整而又连续的程序化操作过程。当企业的人力资源需要系统地扩大和补充时，企业必须建立起一套招聘制度，增加、维持和调整总劳动力，保持人力资源需求的动态平衡，维持企业的生存和发展。一个有效的人员招聘录用系统可以为企业不断补充新生力量，实现企业内部人力资源的合理配置，减少人员流动，提高企业队伍的稳定性，减少人员培训开发的开支或者提高培训效率。

当今的招聘工作越来越成为一种科学活动，而不是凭经验和感觉进行的活动。总的来说，企业招聘工作是在两项工作的基础上完成的：一是企业人力资源规划，二是工作分析。有了这两项工作作为基础，企业才可能进入科学的招聘和录用工作的操作阶段。

招聘是指通过多种技术手段，把具有相应品德能力的人吸引到企业空缺岗位的过程。应聘对象可以是内部或外部的人员，招聘的一个重要标志是要有招聘信息，如内部招聘时的工作布告和外部招聘时的报纸广告等。这些招聘信息旨在寻找到合适的人选。因此，多数情况下，求职者都对工作岗位有一定的兴趣并拥有所要求的资质。一旦求职者和招聘方之间达成协议，那就意味着招聘过程的结束。

作为一项重要的管理职能，招聘与其他人力资源管理职能存在密切的关系。简单地说，人力资源规划规定了招聘的目标，即招聘方所要吸引的人员数目、类型和质量，而工作分析既决定了对特殊人员的需求，也向招聘者提供了将要用到的工作岗位描述。此外，能否向求职者提供较高的报酬和福利，在一定程度上决定了招聘的难易。最后，招聘还与选择有密切的联系，因为两者都是雇佣过程的组成部分。

总之，招聘是补充员工的主要渠道，是企业增加新鲜血液、兴旺发达的标志之一，它对企业的人力资源管理具有重要意义。

## 一、招聘工作在企业人力资源管理中占有首要地位

### （一）输入的质量决定输出的质量

企业若要持续发展，就必须保持人力资源的供给，因为企业在发展的任何时期都会需要不同类型、不同质量和数量的人才。只有进行有效招聘才能充分满足企业发展对人力资源的需要。同时，"输入决定输出"，招聘工作的质量直接影响组织"产出"的质量，它是人力资源管理的第一道关口。

### （二）招聘的结果影响企业日后发展

招聘的结果表现为企业能否获得所需要的优秀人才，而人才是企业发展的第一要素。现代社会竞争的制高点是人才的竞争，只有拥有高素质的人才，企业才能繁荣昌盛，在竞争中立于不败之地。

### （三）招聘是一项树立企业形象的对外公关活动

招聘时，企业可以利用电视、报纸、广播、网站等媒体开展招聘活动，不但可以使企业招到所需人才，还可以在一定程度上起到宣传企业、树立企业良好形象的作用。

### （四）招聘的质量将影响企业人员的稳定性

企业都希望自己的员工队伍尽可能稳定，避免人才流失太多，使企业蒙受过大的损失。一个有效的招聘系统将使企业获得能胜任工作并对所从事工作感到满意的人才，从而保持企业正常运转。

### （五）招聘工作直接影响人事管理的费用

有效的招聘工作能使企业的招聘活动开支既经济又有效，并且由于招聘到的员工能够胜任工作，减少日后员工培训与能力开发的支出。

## 二、人力资源招聘工作的实施程序

招聘一般都包括哪些程序呢？

招聘程序是指从出现职位空缺到求职者正式进入公司工作的整个过程。这个过程中通常包括识别招聘需求、明确职位内容、选择招聘渠道、人员的选拔与评价、人员的录用等一系列环节。

## （一）识别招聘需求

招聘工作一般是从招聘需求的提出开始的。招聘需求通常是由用人部门提出的。一般来说，公司会根据一定时期的业务发展情况制定人员预算，因此招聘的需求通常是在人员预算的控制之下的。但是实际工作的需要和业务的变化也会导致人员需求发生变化，对于这些需求变化情况，往往需要用人部门和人力资源部门根据对实际情况的分析做出决定。

## （二）明确职位内容

招聘需求确定后，需要用人部门和人力资源部门共同确定所聘职位的工作职责和任职要求，这样才能保证招聘工作更具有针对性。

## （三）选择招聘渠道

要根据职位的不同、职位空缺的数量、需要补充空缺的时间限制等因素综合考虑，选择最有效而且成本合理的招聘渠道。

招聘渠道通常分为外部招聘和内部招聘两种。外部招聘主要包括在报纸、招聘网站发布广告，参加招聘会，委托中介或猎头机构，校园招聘等；内部招聘则是在公司内部展开，由内部员工推荐人选或鼓励自荐。当然，也可以采取员工晋升或职位轮换补充空缺等方法。

## （四）人员选拔与评价

通常来说，如果获得的候选人数量多于所要聘用的人数，那么就需要对这些候选人进行选拔，以便择优录取合适的人员。人员选拔评价的方法很多，首先要对简历进行筛选，其次有面试、能力与个性测验、情境性测评、知识技能考试、评价小组方法等多种方式，可以根据实际需要选用。

## （五）人员录用

对于经过选拔评价，符合职位要求的候选人，需要与之确定雇佣关系，包括工资待遇、职位、入职时间等具体条件。另外，通常会要求被录用的人员参加体检。如果候选人各方面情况都符合录用要求，那么就可以办理正式的入职手续。

## 三、人力资源招聘渠道选择

在实际工作中，经常会出现一些企业人力资源经理抱怨招不到合适人才的情况，而一些高级人才和专业性、技术性比较强的中高级人才，在人才市场更难招聘到。这一方面反映了企业争夺人才的白热化程度和中高级技术人才的稀缺；另一方面根据调查与观察，这是由于人力资源管理者没有选择正确的招聘方式，在招聘活动开始前没有制订好招聘计划，甚至某些企业根本就没有制订招聘计划，企业出现职位空缺，就匆忙到人才市场招聘，从不考虑适合该职位的人才在何种场合能够比较容易获得。企业招聘的是高级人才、中级人才还是普通人才，要事先做好招聘计划，选择合适的招聘场所，才会比较容易招到所需人才。

可供企业选择的招聘方式，主要包括企业内部招聘和外部招聘，两种方法各有利弊，实际工作中，上述两种方法是相辅相成的。企业职位空缺时，究竟采用哪种方法，要取决于市场供给、企业的人力资源政策和工作的要求。有时也会同时使用两种方法获得候选人，再从候选人中选拔出合适的人员。

### （一）组织内部招聘

内部招聘策略是指在组织出现岗位空缺后，从组织内部选择合适的员工来填补的策略。选择内部招聘策略的最大优势在于管理者了解员工，员工熟悉组织，这样可以提高招聘效率、降低成本、减少风险，鼓舞员工的士气。内部招聘策略主要包括内部公开招聘、职业生涯开发选拔、工作调换、工作轮换、员工推荐和重新聘用。

组织内部招聘的方法如下。

1. 内部公开招聘

内部公开招聘是组织在确定了空缺职位的性质、职责及其要求等信息后，将这些信息以公告的形式，公布在组织可利用的组织网站、公告栏或内部期刊上。公告中应清楚描述工作职位责任和义务、工资水平和任职资格，并告知与这次公告相关的信息，如公告的日期和截止申请日期、申请的程序、甄选方法和联系人等，尽可能使全体员工都能获得信息，使所有对此岗位感兴趣并具有任职能力的员工都能申请，通过合适的甄选方法选出最合适的人员来填补空缺。内部公开招聘面向组织全体人员，这种内部招聘渠道策略使员工有一种公平合理、公开竞争的平等感觉，会使员工更加努力奋斗。

2. 职业生涯开发选拔

职业生涯开发选拔是针对特定的工作岗位，在组织内挑选出最合适的候选人，将其置于职业生涯发展上接受培训的内部招聘策略。与内部公开招聘不同，在职业生涯开发选拔策略中，组织不是鼓励所有合格的员工来竞聘空缺工作，而是考虑将有潜能的合适的候选人放到职业生涯发展的路径上接受培训以适应相应的岗位。职业生涯开发选拔能够确保组织在某些重要职位出现空缺时，及时填补合格的人员，这样可以使组织避免由于这些重要职位的空缺而带来的损失。

3. 工作调换

工作调换是指当组织中出现岗位空缺时，将与空缺岗位同层次或高一层次的人员调去填补空缺的内部招聘渠道。工作调换包括"平调"和"下调"，以"平调"为主。工作调换的主要目的是填补岗位空缺，也可以使内部人员与其他部门的人员有深入的接触和了解，熟悉组织其他部门的工作情况。这样有利于员工的晋升，也可以使管理者对员工能力有进一步的了解，为将来的工作调整打好基础。

4. 工作轮换

工作轮换是指当组织中出现岗位空缺时，将与空缺岗位同层次的人员调去填补空缺的内部招聘渠道。工作轮换和工作调换有些相似，但又有所不同。工作调换从时间上来讲较长，而工作轮换通常是短期的；工作调换可以是"平调"或"下调"，而工作轮换一般是"平调"。工作轮换既可以使组织内部人员有机会了解组织内部不同部门的工作，为那些有潜力的人员提供晋升的条件，也可以减少某些人员由于长期从事某项工作而带来的单调和厌倦的感觉。

5. 员工推荐

员工推荐是由推荐人根据空缺岗位的要求推荐其熟悉的合适的内部员工，供用人部门和人力资源部门进行选拔的内部招聘渠道策略。由于推荐人对用人部门与被推荐人都比较了解，使得被推荐人更容易获得空缺岗位信息，使组织更容易了解被推荐人。最常见的推荐法是主管推荐，由于主管一般比较了解下属的能力，由主管推荐的人员具有一定的可靠性。但是这种推荐通常比较主观，带有主管的偏见，容易受个人因素的影响。

6. 重新聘用

重新聘用是组织重新聘用某些原来在组织工作而现在没有在岗的员工来填补空缺岗位的内部招聘渠道策略。例如，重新聘用下岗人员、退休人员、长期休假人员等。这些人员的重聘会使他们有再为组织工作的机会。组织重新聘用这些人员能使他们尽快上岗，减少培训费用，还可以减少聘用风险。

组织内部招聘的优点主要有：

①组织和员工相互之间比较了解。

②创造了晋升的机会和防止可能的冗员。

③成本较低。

组织内部招聘的缺点主要有：

①易导致"近亲繁殖"。

②易引发企业高层领导和员工之间的不团结。

③易引发后续问题。

④过多的内部招聘可能会使组织变得封闭。

⑤过多的内部招聘可能导致效率降低。

## （二）组织外部招聘

如果组织需要招聘的人员数量多，而且素质能力要求高，那么组织内部招聘渠道则满足不了组织的这种需要，特别是当组织处于创业期或快速发展期，或是组织需要特殊人才的时候，仅靠内部招聘渠道策略是不行的，组织必须采取相应的外部招聘渠道策略来获取所需的相关人员。外部招聘渠道策略主要包括媒体广告招聘、人才招聘会、人才中介、校园招聘和猎头公司。

企业外部招聘的渠道和方式主要有：

1. 媒体广告招聘

媒体广告招聘是当组织出现空缺岗位，并通过外部招聘渠道招聘人员时，通过各种媒体向社会发布，吸引求职者前来应聘的过程。

媒体广告可以将有关工作的性质、要求和应该具备的入职资格等信息提供给潜在的求职者，也可以向求职者宣传组织的情况，为建立组织在社会上的知名度和美誉度等做出贡献。媒体广告信息传播范围广、速度快。采用广告的形式进行招聘，能快速有效地吸引所需人员前来应聘，应聘人员数量大、层次较高，组织甄选应聘者的余地较大，招聘到创造力强、素质较高的人员的概率较高。

2. 人才招聘会招聘

人才招聘会是招聘组织和求职者直接进行面谈的一种形式和过程，它能使招聘者和求职者给对方留下比较直观的印象。人才招聘会一般都是由有举办招聘会资格的政府职能部门或下属机构主办，这样的人才招聘会一般信誉度好，有明确的主题，操作比较规范。通过人才招聘会，组织招聘人员也可以了解到同行业其他组织的人力资源政策和人力需求情况。

### 3. 人才中介招聘

由于组织人员的流动日益频繁，组织招聘的工作量不断加大，既为了方便组织高效率地招人，也为了求职者能够快速地择业，各地区的人才中心、职业介绍所、劳动力就业服务中心等人才中介机构不断涌现，并且快速发展。通过这些人才中介机构，组织与求职者均可获得大量求职与招聘信息。

人才中介一般分成为组织服务为主和为求职者服务为主两类。它们一般建有各种人才信息库和招聘组织信息库。招聘组织在缴纳一定的费用之后，就可以很便捷地在人才信息库中查询条件基本相符的求职者的资料。求职者在缴纳一定的费用之后，也可以很便捷地在招聘组织信息库中查询符合自己求职意向的招聘岗位。组织可以从人才中介的人才信息库中挑选人才，也可以委托人才中介挑选。人才中介这种外部招聘渠道具有招聘针对性强、费用较低的特点。

### 4. 院校招聘

目前社会上有经验的求职者数量有限，而且录用这些人员的成本相对较高，因此，越来越多的组织瞄准了高等院校毕业生这个巨大的人才储备库，经常采取深入院校进行招募的招聘形式。

各种层次和类型的院校每年都有大量的毕业生要走向工作岗位，无论在技术岗位还是管理岗位上，不少毕业生会成为就业组织中富有发展潜力的员工。招聘组织关心的院校一般分为中等院校和高等院校两类。中等院校是组织招聘初级办事人员和初级操作人员的主要渠道，而高等院校则是组织招聘较高素质并有发展潜力的专业技术人员和管理人员的主要渠道。每年到了各院校毕业生找工作的季节，就会有很多组织到各个校园举办各种招聘宣讲会。有些组织为了从院校获得急需的人才，还会与相关院校合作，设立各种奖学金资助对口专业的优秀学生，以此吸引学生毕业后去该组织工作。有些组织还会为学生提供实习工作的机会，以便确定将来长久的雇佣关系。

### 5. 借助猎头公司招聘

猎头公司是专门为组织招聘中高级管理或专业技术人员的外部渠道。在西方国家，猎头公司已发展得相当成熟。在我国，猎头公司也得到了快速发展。当组织需要招聘重要的中高级管理人才和中高级技术人才时，如果本组织的招聘人员不能较好地完成招聘任务，就需要借助猎头公司这个重要渠道。组织必须向猎头公司提供招聘岗位的详细信息材料。借助猎头公司这个渠道一般比组织自己进行招聘效果好，并且招聘全过程能够做到保密。但是，猎头公司的招聘过程较长，各方需要反复接洽谈判，而且猎头公司的招聘费用昂贵，需要根据每位录用人才的年薪按照一定的比例缴纳费用。

组织外部招聘的优点如下：

①人员选择范围广泛。

②有利于带来新思想和新方法。

③大大节省了培训费用。

组织外部招聘的缺点如下：

①选错人的风险比较大。

②需要更长的培训和适应阶段。

③内部员工可能感到自己被忽视。

④可能费时费力。

研究表明，企业在招聘人员时最好采取内外部相结合的办法。具体的是偏向于内部还是外部，取决于组织战略、职位类别和组织在劳动市场上的相对地位等因素的影响。对于招聘组织的中高层管理人员而言，内部与外部招聘都是行之有效的方法，并不存在标准答案。一般来说，对于需要保持相对稳定的组织中层管理人员，可能更多地需要从组织内部获得提升，而高层管理人员在需要引入新的风格、新的竞争时，可以从外部招聘合适的人员。

内部招聘让员工看到了新的职业发展机会，会创造工作满意度和激励因素。此外，用现有的员工来填补空缺职位在一定程度上保证了这些雇员能够适应组织文化。然而，如果内部招聘系统不公平的话，就会产生其他问题。

# 第四节　大数据改进人力资源招聘

人力资源管理，不能仅仅局限于传统模式的延续，而应结合时代发展趋势，采取更为科学有效的方略。将大数据方法运用到人力资源各大模块的实践，对组织发展具有重要意义。

大数据可帮助组织建立有效的人力资源数据库，对现有或未来预期的人力资源数据进行管理完善，但就目前企业的实践而言，这一目标尚未得到较好的实施。人力资源数据太少，大都集中在企业内部录入的结构化数据，主要起到保存信息和辅助具体事务工作的作用，并不满足未来发展需求，提取到的数据缺少应用价值。对企业十分有用的数据大量存在于社交网络中。

企业如果对社交网络信息高度重视，能够帮助企业及时锁定符合企业发展战略的目标人群，找到与企业职位相匹配的合适人才；就求职者而言，能够获得展示自身才能的平台，找到最适合自己的职位，实现自我价值。由此可见，基于大数据的人力资源招聘，无论是对企业还是对求职者，都是功德无量的。

大数据蕴藏的有价值信息，有助于实现决策科学化，提高预测精准率，把握发展趋势，适时规避风险。充分利用大数据，能够提高组织人力资源招聘效率和招聘质量，具有重大的实践意义和应用价值。

## 一、大数据人力资源招聘的新内涵

在大数据背景下，人力资源招聘有什么新的内涵呢？

基于大数据的招聘，正在不断地融合社交网络，借助社交基因弥补传统网络招聘的不足，能够使雇主与求职者之间进行深度了解与交流，既节约成本，又提高效率。

大数据背景下的招聘，是在分析大量数据的基础上，通过提取和分析有价值的数据，做出招聘方向、策略选择，实行目标定位的。商业意识超前的企业，可以把招聘系统当成一种商品在互联网上以租赁的方式为客户提供服务，创造价值。

大数据时代的组织人力资源招聘有什么特点呢？

大数据招聘能够改进传统人力资源招聘方法单一、信息不足、认知片面的弊端，为客户和组织提供求职和招聘的平台。这样的平台能够将线上、线下各种网络渠道整合在一起，实现信息共享。

### （一）整合招聘信息渠道

大数据招聘管理系统能够将各渠道发布的招聘信息进行整合，提高搜索信息的有效性，实现招聘流程的规范性和标准化，整合碎片化的招聘渠道信息，提高企业人力资源部门和业务部门通力协作的有效性，提高整体招聘效率。

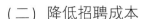

### （二）降低招聘成本

招聘管理系统可以帮助组织减少一些不必要的成本。因为该系统能实现最大限度的招聘资源共享。例如，提供视频会议系统解决分布式、模块化、大容量的远程招聘方案。招聘数据化、系统化减少了从事传统招聘各环节运行的成本。

### （三）提高招聘质量

大数据方法能够分析每个岗位的胜任特征，筛选与岗位需求相吻合的求职者，将人才素质进行量化模型匹配，通过数据计算得出较为科学的得分模型，帮助寻找高度匹配的目标人群。这就有助于提高招聘质量和效率。

### （四）实现招聘效果量化管理

运用大数据的人力资源招聘，从招聘条件的筛选、招聘计划的制订、招聘方式的选择到招聘目标的确定，都可以借助大数据提出可量化方案，分析趋势，便于管理层制定决策。招聘效果的量化管理能够为人力资源管理其他模块提供指导和参考，从而更为系统地全面提升企业人力资源管理水平。例如，通过招聘效率分析渠道的效能。

目前，招聘渠道日趋多元化、碎片化，需要建立一个能够将各渠道整合的平台。基于大数据进行招聘，能够帮助组织在更大范围内锁定人才、筛选人才，预测其离职倾向及入职后的科学化培养、保留，及时发现人力资源管理中存在的问题。

## 二、大数据人力资源招聘的新措施

### （一）运用网络技术，提取招聘目标

现代网络技术的应用，能够节约时间、节约成本，不受时间、空间限制地发布信息，并可以通过"网络可视招聘"系统，实现组织与求职者面对面进行双向交流和选择，从而提高个人求职与组织求才的效率。

### （二）通过社交网站，形成"传递"效应

当企业需要招聘员工时，传统的做法是张贴招聘信息，举办招聘会收集简历，这无疑会影响招聘进度。现在，企业可以利用论坛、微博、朋友圈等社交网络平台，随时随地发

布招聘信息，不仅能在与自己相关的圈子内网罗人才，还能够通过转载、评论等方式将招聘信息快速传递，形成"传递"效应，同时达到树立公司形象的目的。

### (三)　系统加人工，建立筛选"双保险"

在完成招聘工作的组成部分中，筛选简历无疑是一个重要环节，仅靠人工筛选成千上万份简历，会影响招聘效率和招聘者的工作状态。在网络环境下，招聘人员可以做到实时、实地筛选简历，只要在系统中设定必要条件，经过双重筛选，就能提高工作效率。

大数据时代下的招聘是基于现代网络技术产生和发展起来的，只有不断提升相关技术水平，增强信息收集、提取和分析能力，才能不断适应招聘活动需要，满足招聘需求。

## 三、大数据在人力资源招聘中的应用

### (一)　在人才搜索工作中的应用

在现代社会中，企业间的竞争就是人才的竞争，而企业招聘人才乃是人力资源部门的首要任务。传统的招聘通常遵循以下步骤：首先，人才需求部门向主管做出报告，然后将招聘信息张贴于公司门户。当求职者发现信息，产生兴趣，他们会将简历发过来表示愿意应聘。之后，企业人力资源部门会选择求职者的简历，面试候选人，直到找到合适的人才。在选择过程中，除了教育、性别、职业等硬性指标外，实际上面试官的经验发挥了重要作用。但现实表明，这么做往往有失偏颇。现在，大数据方法可以很好地矫正它。大数据提供的是一个内容更加广泛的招聘工作平台，公司对汇集到的社交网络上的简历信息和应用信息进行分析，可以帮助招聘人员寻找到更多有关候选人丰富的信息，包括个人视频图像、生活条件、社会关系、特殊能力等，使候选人的形象变得更加生动。这大大有利于组织实现准确的"人岗匹配"。

### (二)　在数据处理中的应用

人才评价在当前人力资源管理技术中越来越受到重视。目前，评价过程较多采取专家评估的形式，采用综合评价的方法，但这些方法都是很主观的。鉴于此，研究人员研究了多种利用大数据让数据说话的方法。发达国家在这方面应用较多，发展中国家应用较少。但是，利用大数据分析确实可以有效地处理大量的数据，满足用户需求。

### （三）在数据挖掘中的应用

数据挖掘技术是一个强有力的工具，它能够帮助企业找到合适的规则来指导工作的进行。比如数据挖掘中的分类技术，通过分析企业现有员工与应聘者之间的关系，能对招聘工作起到指导作用。例如，在数据库中随机选出测试样本，对数据进行预处理，构建出人才招聘的数据模型。人才测评是招聘工作的重要环节之一，但目前企业的人才测评算法还不够成熟。利用大数据可以改进人才测评中的一些问题，以及以前算法中不成熟的地方，从而为人才选拔提供更好的工具。

大数据能从大型的人力资源数据库中挖掘出人才的一些隐匿信息，帮助企业招聘决策人员找到数据间潜在的联系，从而更有效地进行人才测评。

# 第六章 基于大数据的人才评价

21世纪以来，网络和信息技术的快速发展使得大数据成为当今的主旋律，人才评价则在现代管理学中证明了自己的重要性。大数据的发展使得人们热衷于将大数据应用在社会生活的各个方面。人力资源管理的专家和学者们也好奇于大数据是否可以在人才评价方面有所加强。本章主要围绕大数据在人才评价上的应用而展开。

## 第一节　人才评价的定义与功能

### 一、人才评价的定义

人才评价思想在我国古已有之，从原始社会尧经过"四岳"的推荐，选择舜作为自己的接班人，到奴隶社会初期的世卿制及魏晋时期的门第制，再到从隋朝到清光绪年间前后持续1 300余年的科举制度。虽然各个时期人才的选拔方式不同，可靠性也有限，但可以看出，古往今来，只要是管理，必然要对人才进行评价，然后才能进行选拔、任用。官员在任期间，也有相应的评价体系进行奖惩。可以说，包括发现、选拔、任用、调整、奖惩和培训等环节，都需要以评价为基础。对人才的评价不仅需要探究被评价者有哪方面的能力，也需要衡量该种能力达到怎样的水准。因此，人才评价是在质与量上对人的素质、业绩做出结论的过程。

### 二、人才评价的功能

人才评价虽然只是人力资源管理的一个环节，但依然是一个完整的系统，包括相应的理论体系、方法群、技术支撑及结果展示。同时，作为人力资源管理的一项重要工作，人才评价有以下几个功能。

第一，具有促进公平的功能。根据人才评价的结果进行人力资源管理，可以合理制定薪酬标准，公平提供进修、升职机会等，从而形成宽松的竞争氛围，创造公平的工作环境。优秀者得到奖励，落后者奋起直追，从而避免出现分配不公平、机会不均等之类的影响人才积极性发挥的现象。

第二，具有导向功能。人才评价是通过一系列的指标和标准进行的，而这些指标和标准是通过综合考虑岗位所需的基本素质和基本技能而形成的。这些指标和标准不仅能用来对各岗位上的员工进行评价，还可以作为员工制订工作计划和个人提升计划的重要依据。由此可见人才评价具有导向功能。

第三，具有激励功能。人才评价的结果不仅可以用来作为奖惩、升职、加薪的依据，也可以用来公示。未获得奖励的员工可以以此为标准提升自己，获得奖励的员工可以继续不懈进步。人才评价的结果还可以给大家带来潜在的压力，压力又可以转变为动力。

第四，具有沟通功能。人才评价的结果是对于被评价者一段时间内工作态度和业绩等的反馈。通过这种反馈，被评价者可以接收到来自多方面的意见和信息，从而达到被评价者与多方评价者之间的沟通。

总之，人才评价是人力资源管理活动的基础，没有它，一切人力资源管理都是"空中楼阁"。

## 三、人才评价的理论依据

人才学学者郑其绪及其同事将人才评价的理论基础总结为五点，分别为人才的动态性、事物的可测性、思维的模糊性、方法的科学性及实践的有效性。

### （一）人才的动态性

人才的动态性基于两点，分别为差异的永恒性和变化的永恒性。

世界上没有完全相同的两个人，即使从最基本的生理特征来区分，性别、年龄、血型等都可能引起思维方式的不同。男性和女性在大脑优势方面有所不同，男性在空间知觉、综合分析能力、实验观察和推理方面优于女性；而女性在语言表达、短期记忆等方面优于男性。不仅如此，男性与女性在记忆方面也有所区别，男性在理解记忆和抽象记忆方面较强；而女性在机械记忆和形象记忆上占优。由于对环境的忍耐力不同，男性和女性在对环境的适应性上也有所不同。在年龄方面，不同年龄段的人体现出不同的特性。从体能上讲，年龄超过 25 岁之后，体能会随着年龄的增长有所下降，有关速度方面的能力也有所降低。对于进入老年阶段的人来说，从事繁重的体力劳动是十分不合适的。随着年龄的增长，同时带来的还有激情的减退。年轻人在工作上的激情更高，接受新事物和新思想的意愿也更加强烈。根据血型性格说，不同血型的人在生活态度、行为模式方面都有所差异。例如，O 型血的人生活热情较高，A 型血的人更加重视秩序，B 型血的人更有创造性，AB 型血的人则更加理性。

性别、血型这些先天性的因素会对人们的行为产生影响，但是影响更加强大并且深远的是一些后天因素。性格和气质上的差异往往来源于经历上的不同。人们常说，是一个人的经历造就了这个人。不可能有两个人的经历完全相同，能力训练会引起人们能力在质和量上有所不同，而社会文化则体现了一个群体与其他群体在一般性问题上的看法与态度有所不同。

无论是先天性的因素，还是后天性的因素，在人们身上都体现出了差异。虽然差异的存在是永恒的，但是差异的内容却在不断变化。

中国古语有言："近朱者赤，近墨者黑。"这句话无疑体现了环境对人们的巨大影响。在不同的环境下，人们对待问题的方式和解决问题的途径也有所不同。同时，解决问题的能力也在不断变化。人们的某些能力可能在长期解决同类型问题的情况下获得增强，也能在长时间不接触此类问题的情况下弱化或丧失。另外，人们的一些能力也可以通过学习获得。职业经历会使人们受到该企业环境文化的影响，同时职务上的能力也可以通过实践得到提升。

差异的永恒性是人才评价产生差异性结果的基础，而变化的永恒性则决定了人才评价结果的有效期并非是永久的。人才具有动态性，这使得人才评价具有了存在的基础。

## (二) 事物的可测性

如果想要测量长度，就用直尺；如果想要测量温度，就用温度计。对于这些对象的可测量性，我们毫无疑问。但是当我们把测量的对象延伸到人的行为和心理时，就遇到了一些困难。

如上所述，人才评价是从质与量上对人才素质和业绩做出评价的过程。在一般情况下，人才素质可以被简单解释为人才的品德、智慧、能力和业绩。如果想对人才的品德、智慧、能力和业绩进行评价，需要考虑三个重要的因素。

1. 要有测量法则

对于一些显而易见的对象，如长度、温度等，测量法则非常好确定。但是当我们的测量对象是人们的品德、智慧、能力和业绩时，我们无法直接对其进行测量和鉴定，而需要通过可见的行为样本作为"媒介物"，然后从中选取关键因素进行评价。

2. 确定评价要素

在人才评价中，评价者不可能评价被评价者的每一个方面，只能通过选取被评价者的少量行为因素，用以推知其整体。因此，评价的结果是否有效，就取决于选定的行为因素是否可以代表其整体。为保证评价结果的有效，确定评价因素时应注意两点：一是在最初阶段，要尽可能多地选取被评价者的行为因素，如品德、智慧、能力和业绩等各个方面，在此基础上进行合并和精简；二是要保证样本对整体的代表性，即选取的要素必须能够反映被评价者的本质行为。然后将评价要素的测量进行标准化运作。标准化是指所有评价的程序，包括评价标准的编制，评价等级的确定，评价行为的组织实施和对评价结果的解释、反馈及应用都必须遵循严格的程序。

3. 要保证效度和信度

效度是表示评价客观性的指标，即评价结果可以客观地反映出人才的实际水平和状况。信度是表示评价结果稳定性的指标，即同一个人才多次接受评价，评价结果应具有一致性。保证评价的效度和信度是确保评价结果准确的基础。

测量法则并不是一个科学的人才评价所需要的所有条件。当我们需要测量一个无法直接测量的对象并对其测量结果进行比较时，最简单的方法就是将其结果数学化。数学法则的使用使许多原本理论性的学科研究更加具有科学性，而这种科学性也随着数学法则的使用出现在人才评价中。用统计方法可以客观地说明事物的内在规律，而模糊数学方法的应用可以将人才行为中模糊的现象转变为清晰的数据表达。

（三）思维的模糊性

人类的思维演进可以分为三个阶段，古代模糊思维阶段、近代确定性思维阶段和现代模糊思维阶段。在古代，科学极为不发达，人类生产力水平低下，无法准确地认识世界。对事物的质和量也无法进行准确的描述，在交易时实行简单的以物易物，缺乏明确而一致的标准。对超自然力量的崇拜也显示出这个时期人们思维的模糊性和神秘性。而 14 世纪以后，科学技术逐步脱离神学的枷锁，在许多领域都有了突破性的发现，为人类认识自然、认识社会和认识自身都开辟了全新的视野。特别是数学和物理学的长足发展，使得人们可以用精确的数字描述所处的世界。在这一阶段，人们的思维走向了另一极端，即试图精确地描述世界上所有的现象。从 19 世纪以来，科技持续发展，人们将学科不断细化，各种边缘学科、交叉学科不断出现，同时也发现了更多的自然和社会现象。传统的确定性思维对准确地描述这些现象一筹莫展。人们发现，即使科技飞速发展，当研究某些复杂现象时，模糊性依然不可避免。接受模糊性也是人类思维的科学性和理性的一种体现。

对人才的评价并非是"非黑即白"的，也具有一定的模糊性。对某一项能力的评价标准规定得再全面，依然有无法描述的情况。就像评定一篇作文的分数，评卷老师虽然有评分标准，但在将作文等级和评分标准对应之后，在评分范围内给出一个准确的分数，其中依然存在模糊性。这种模糊性在人才评价中也存在，这种思维模糊性的科学性也是人才评价结果有效的理论基础。

### （四）方法的科学性

如果将人才评价作为一条河，那么方法就是河上的桥。在更加科学方法的基础上，人才评价从工作到境界都迅速提升到了一个新的阶段。

人才评价的方法主要依据两个方面，模糊思维的科学性和数学方法。在前文我们已经探讨过模糊思维的存在，在这里我们要探讨一下模糊思维在人才评价中的应用。人才评价的对象是人，说得更确切一些，是人才的品德、能力、智慧和业绩。除了业绩之外，人才的品德、能力和智慧都有不可置疑的模糊性。我们只有应用模糊的思维才能评价这些模糊的事物。在人才评价中，评价者不可能列举出被评价者的所有信息进行分析评价，只能忽略大部分非节点性的信息，才能形成最后清晰的结论。模糊思维正是通过对被评价者离散信息的聚类分析和模糊推理，将有限的信息进行整合，从而达到准确描述出本质的目的。

以人才评价所使用的具体方法来讲，人才评价依据一定的法则，对人才的本质进行测量，然后进行量化分析，从而尽可能准确地描述人才的品德、智慧、能力和业绩状况。对于人才本质的测量，我们无法直接测量，只能通过一些统计和模糊数学的方法推断出人才的真实情况。

模糊思维的科学性以及数学和统计推断的准确性，已经在科学的发展中反复得到验证，但是只有其在人才评价中依然有效，才能作为人才评价的理论依据。

### （五）实践的有效性

即使在保证了人才评价的所有步骤都被准确地实施了，我们依然不能确保评价结果是否有效。实践是检验真理的唯一标准，只有经过实践验证的人才评价方法才能具有实用的价值。

　　完整的人才评价，往往需要通过定性评价和定量测量两种方式。这样不仅可以得到更加客观的结果，也使得结果更容易被理解和接受。如果只运用定量的方法评价人才，其数值仅仅代表了被评价者的一种状态，但是并不具有解释结果的作用。例如，某企业领导在"关心同志"这一项目上不及格，但在其他方面都非常优秀。后来通过定性的评价，发现被评价者在工作中表现出过分的完美主义，缺乏耐心，不接受反对意见，批评下属时也不注意方式，不关心下属，甚至有些不近人情。所以他在关心同志这一项上得到了不及格的分数。如果仅仅使用定量测量的结果，不仅仅会使被评价者困惑，也会使评价结果无法被合理应用，从而无法达到人才评价的导向和沟通功能。而如果只使用定性评价的结果，被评定者无法衡量自己在某方面的表现程度，企业也无法进行人员间的横向比较，这样的评价结果无法作为公平分配资源的依据，也就使人才评价失去了促进公平的功能。定性评定和定量测量在人才评价中是互相依赖并且互相补充的，只有同时参考了定性评定和定量测量的评价结果，才能使人才评价更具科学性。

# 第二节　人才评价的问题分析

　　没有人才的支撑，企事业就不会有持续的发展。不容否认的是，目前社会各行各业中，还不同程度地存在人才评价失衡现象。为了提升企业的竞争力，必须完善评价人才的方式方法，破解人才评价难题，更好地实现人尽其才、才尽其用的用人理想状态。中国企业的人才评价过程中，主要存在以下几个问题。

## 一、人才评价的机制问题

　　一般认为，我国现行企业还没有建立起一个好的或良性循环的、促进人才脱颖而出的人才机制。具体来说，许多企业领导人在选拔管理人才、技术人才和熟练技术工人等几个方面，都还不能脱离开人为因素的影响。尤其是在多数企业存在不同程度的"关系管理"的人才选拔和任用背景下，更是建立不起科学的、符合市场经济发展需要的人才评价机制。

　　人才评价机制不科学，不利于企业人才的选拔与能力评价。特别是在企业面临国际国内严峻市场竞争之时，企业人才评价机制亟待完善的呼声更高了。解决目前我国企业人才评价实践中存在的突出问题，是推进人才评价工作科学化的前提。

第一，某些企业，特别是一些高新企业出现了过分强调学历而轻视能力的人才评价问题。企业人才，即使是企业研发和管理人才，也不是学历越高越好。学历固然重要，但并不意味着它是企业人才评价的唯一依据。

第二，企业的人才评价也不能急功近利，需要对人才及其适应性有深入的了解，这样才能做出准确评价。要制定"不拘一格"的人才评价策略，采用合理的企业经营管理、技术人才的评价标准，并制定与之配套的措施。实践表明，任何人才的成长都是有规律的，都是循序渐进地培养和锻炼出来的。哪怕是工厂的一个熟练工种，对其技术工人的评价也必须要有个过程。就企业而言，"现得利"的人才评价机制越来越显露出了许多弊端。当务之急，必须改进目前"企业人才速成"的现状。

第三，企业人才评价机制注重普遍的人才要求，却忽略了符合本企业发展和创新进步的特殊要求。在企业进行人才评价的环节中，如果单纯强调人才的共性标准，就会走向背离人才发展之路的歧途。因为，许多特定企业工作情境下的人才必须有他们的个性特征，以及不同的能力结构和心理素养。绝不能将人才评价标准定格化，一定要使用多样化的人才评价思维。诚然，人才有不同的层次和类型，涉及不同的专业领域，评价主体的选择也至关重要。主体选对了，就能"慧眼"识才，如果选错了，就可能导致评价结果出现偏差甚至扭曲。

第四，企业人才评价机制缺乏制度安排，每每把主观意志和"拍脑壳儿"作为衡量准绳。这样做的结果，势必会大大挫伤一些不善于表现的、忠诚的、有真才实学或熟练技能的人才的工作积极性。此外，过分注重人际关系的企业人才评价环境，也会慢慢地失去公平、公正的企业精神，从而对发挥企业创新精神不利。同时，只用能否给企业赚钱这一条标准来衡量一位企业家是人才和好员工也有失偏颇。现行企业人才评价体系中，起决定作用的依然是"为企业赚钱"，普遍存在"重金钱轻品德"的倾向，对于那些由于承担了更多社会责任和企业责任的企业人才来说，的确不够公平。

## 二、人才评价的指标问题

这个问题和人才评价机制是密切相关的两个问题。两者之间的关系，构成了我国企业人才评价体制的核心部分。根据人才管理指标理论，我国企业人才评价体系本身存在的问题主要可以归纳为如下几个。

第一，定性指标与定量指标之间缺少内在联系。我国企业人才评价指标体系仍处于在实践中不断探索完善的阶段，现有的各层次各类别的评价指标体系虽然都考虑了从德、能、勤、绩几个方面选取指标，但多以定性指标为主。这种以定性为主，定量为辅的指标体系，尽管在寻求定性评价与定量评价相结合方面做了有益的尝试，但仍然存在定性指标主观随意性较大、评价标准不统一、不易操作、能力与业绩难以准确衡量等问题，导致凭印象、靠人缘、论关系现象普遍存在。同时，由于学历、年资、绩效等指标容易量化和标准化，操作比较简便，定量评价结果比较明确清晰，易于横向比较，在实际评价过程中，依据定量指标决定评价结果的情况也比较普遍，导致人们产生过于强调量化指标的印象。这种定性和定量不一致、不协调倾向的结果，使得企业管理者在实施管理时容易走极端。

第二，缺乏多样化的评价指标及其体系的建构。无论个体的企业人才还是群体的企业组织，由于每个人的人格特质、个性特征等都有很大不同，其思维模式、行为方式、价值判断、组织风格等存在较大差异，而目前的企业人才评价指标体系则是针对某一特定的目标群体，其构建的出发点是衡量标准的普遍适用性，这虽然体现了标准统一的公平性，却抹杀了人才的多样性，而多样性和差异性往往是产生优秀的企业技术和管理创新人才的最基本条件。

第三，缺乏有效管理的相应指标及其评价方法。在我国目前的企业人才评价指标体系中，如何对企业人才的质量进行评价不仅是争论较多的问题，也确实是个棘手的问题。反映企业人才质量状况的指标被标准化后，往往就形成"经济产能数量""工作数量和直接经济收益"，甚至"管理职务"等定量和标准化指标。而这些指标只能从某个角度和在一定程度上反映企业人员的工作绩效，并不一定能体现人才选择和使用过程中的真正价值，特别是对内涵型企业创新人才的发现和培养不利。事实是，我们不仅缺乏企业人才的短期管理效能的科学评价，而且也缺少用于评价发展、成长过程的长效评价指标，这显然会使人们将评价的注意力集中在当期绩效上。尤其对于青年企业开发和管理人才，应该允许有一个培养和成长过程及遴选机制。在企业人才评价指标体系中如何体现对发展潜质的评价，怎样确定企业人才数量和质量的能效比，评价指标体系在这方面带来的负面影响怎样解决，还有待于在实践中逐渐完善。

第四，缺乏对人才结构进行科学描述和优化的指标体系的建构。在我国，企业人才队伍脱离市场、故步自封、创新程度较低是一个有目共睹的问题。除了体制上的原因外，反映到企业人才评价指标体系中，就是不重视对各级各类企业人才结构指标的研究与构建，目前的企业人才评价指标体系中，很少有相关的旨在优化人才结构的评价指标。特别是对高技术企业和小微企业人才的评价，人才交流情况的指标应该作为重点评价的指标。但由于反映这类指标状况的数据采集比较敏感，一般也就以经验管理来进行。这样，就难以做到客观描述和有针对性的合理评价。

### 三、人才评价的难点问题

前文说过，企事业单位人才评价的问题很多，这是由于人才存在生命周期和复杂性社会状况所决定的。克服人才评价的难点与"瓶颈"，加以创新管理，是摆在我们面前的一个重要任务和企业责任。

第一，人才评价的"一刀切"模式。标准化、可操作化是个好东西，但是如果一味地把它们变成一种衡量人才的唯一标准，就会出问题或偏颇。例如，发表论文和申请专利本身没有错，错在将它看成是评价所有企业人才的尺度。我们应该有多元化的企业人才评价标准和方式。人才评价要看其对企业经济效益的贡献，更要看真正的社会效益和影响力。为此，我们必须打破"一刀切"的企业人才评价制度，建立起人才评价的区域标准和行业标准。从长远来看，人才评价还要有国际化的标准，也就是说应有国际可比性。我们之所以不赞成企业人才管理的"一刀切"模式，是因为人才管理和评价是具有内在的、多样性规律。不同的企业或单位，对员工或人才的考评要求存在很大的差异性，评价方法也必须有针对性。只有针对不同人才特长、实施区别化、差异性的评价机制，才能更细致地完成人才评价的任务，从而激发企业家和管理者的创新意识。

第二，人才评价的"官本位"倾向。企业人力资源管理实践表明，过分的行政色彩评价人才和官本位方法选拔企业人才都是不好的。标准确定了，接着面临的问题是"由谁来评"。人才有不同的层次和类型，涉及不同的专业领域，评价主体的选择也至关重要。主体选对了，就能"慧眼"识才；如果选错了，就可能导致评价结果出现偏差甚至扭曲。专家和人才库（智库）的作用，不容忽视。毫无疑问，"官本位"导向不利于企业人才成长和团队建设。尤其是创新人才乃中国企业进步和走出企业发展困境的中流砥柱，是创新活动的榜样，但目前在对企业人才的激励与管理方面出现了很多问题，特别是采用"官本位"方式进行管理和激励措施，已经造成了严重的弊端。

第三，人才评价的模糊性和失效性倾向。人才评价是一个复杂而又艰难的社会过程。由于受到各种传统因素的影响，特别是"大概齐"或"模糊主义"的影响，使得我们对人才评价难以做到公平公正。为了实现科学的、人性化的和谐管理，我们必须努力发挥管理的效能，尽力将人才管理过程规范化、优化和数字化。要尝试建立一整套新型的企业人才评价监督和管理机制。只有这样，我们才能促进人才管理和评价的现代化。为此，要认真发挥人才系统中的专家或"意见领袖"的积极社会功能，建立起一个开放的、具有复杂适应性的人才互动或沟通的社会系统。同时，也可以利用这一社会系统不断地进行复杂性的还原和自我的区分化，来化解人才选择和使用的危机。鉴于人才评价是一个社会化过程，所以只有建立一个"人才优化的社会"，才能从根本上促进人才的脱颖而出。我们应该对此达成一种共识。

第四，人才评价的有效管理问题，我们认为有两点最为重要：一是要与时俱进，将人才评价进行到底；二是要强化人性化和数据化相结合的人才管理思维和理念。人性化管理是人才评价与管理的制胜法宝，是感性与理性的最高统一，这在当下仍有重要意义。因为人才是人类社会最要紧的生产要素之一，不注重人才就无法实现和谐管理目的。关于提高人才评价的效能问题，我们认为，只有在总结过去经验的基础上不断进步，才能获取我们企业所需要的大量创新型人才，这是当务之急。从人才评价途径和方法来看，我们应注重总结国内外先进经验，发挥"本土化"人才评价的特色。与此同时，还要冲破"唯文凭主义""唯结果主义""唯金钱主义"等束缚人才脱颖而出的樊篱。只有做到了这些，我们才能逐步地克服上述人才评价过程中存在的种种问题，走出人才缺失和滥用的困境。

# 第三节　大数据如何升级人才评价

在大数据时代，海量的数据得以被收集和储存。对于如何管理和使用这些数据，学者们已经进行了许多的研究。整体的数据搜集与研究冲击了以样本研究为基础的传统做法。如果将大数据方法运用到人才评价中，定量测量和定性评定都可以分析更大量的数据，从而使人才评价的准确性、可靠性都有所提升。

## 一、人才评价的常用方法

### （一）心理测验法

心理测验是通过观察人的具有代表性的行为，对于贯穿在人的行为活动中的心理特征，依据确定的原则进行推论和数量化分析的一种科学手段。心理测验是对人才所需的个性特点进行描述和测量的工具，在人才评价中被广泛应用。心理测验数量、种类繁多，形式多种多样，但是心理测验被普遍分为两个类别：标准化心理测验和投射测验。

标准化心理测验一般包括智力测验、能力倾向测验、人格测验及兴趣测验、价值观测验、态度测验等类别。这类心理测验往往包括事先确定好的题目和答案、详细的答题指导、客观的计分体系和解释体系。并且，这类心理测验往往经过效度和信度的验证，以及相应的项目分析数据。

投射测验要求被测试者对一些模棱两可或模糊不清的刺激做出描述或反应。投射测验可以更容易地表达出被测试者不愿表现出的或者隐藏着的个性特征和内在冲突等心理状态。但是这类测试由于缺乏客观标准，测验的结果具有较重的主观色彩，对测试者有较强的专业要求，一般的人才评价者无法直接使用。

### （二）笔试法

笔试是最古老也是最基本的人才评价方法，主要用于测量被测者知识的深度和广度、综合分析能力以及文字表达能力等。我国持续了1 300余年的科举制度也是使用了笔试法。笔试法至今为止仍然是很多用人单位选拔人才的重要方式。笔试的试题一般根据职位的工作性质和所需要的相关理论知识进行测验，然后根据求职者解答的正确程度评定成绩。笔试法对于选拔人才有较强的针对性，也相对公平，因此被很多用人单位采用。

### （三）面试法

面试法同样是非常古老的人才评价方法，测试者通过对被测试者面对面的观察和交流，收集被测试者的信息，从而了解其素质、能力及求职动机等。同时，有经验的测试者在面试中可以通过口头询问被测试者来预测其未来的工作绩效。在用人单位招聘人才时，面试比笔试应用范围更广，几乎所有的用人单位都会用到面试，也有一些企业会使用笔试与面试相结合的方法。一些用人单位，在决定升职和进修等资源分配的人选时，也会采用面试的方法。

面试和笔试的侧重点有所不同。面试主要用于测评被试者仪表举止、口头语言表达、求职动机与态度、现场应变、人际交往和自我控制等方面的状态和能力。在面试时间较长、沟通比较深入的时候，被试者的性格、爱好、专业知识等方面也会得到一定的评定。而笔试更多的是关注相关知识的深度和广度。任何工作的完成都需要多种能力和知识的配合，因此在选拔人才的过程中，只测评其中的一部分显然会对选拔合适的人才产生一定的影响。面试与笔试是互补的，笔试的结果能够对面试的结果进行补充，反之亦然。

### （四）无领导小组讨论

无领导小组讨论是近年来十分流行的一种人才评价方式。简单来说，就是采用情景模拟的方法对应试者进行集体面试。测试者将应试者分为 5~7 人的小组，并布置给他们一项工作或出一道与招聘职位有关的问题，让应试者们在一定时间内进行自由讨论。测试者并未在小组内规定领导者，所有应试者都是平等的。应试者们自行规定位置和发言方式及发言次序。测试者除了介绍讨论题目和相应的规则外，并不参与讨论过程。测试者通过观察应试者们在讨论中的表现，评定应试者多方面的能力，并根据其表达出来的组织协调、领导调度、逻辑思维、口语表达、人际交往等能力综合评定应试者是否达到岗位的相关要求。无领导小组讨论模拟了一种工作中出现的真实环境，不仅可以对应试者的工作能力进行测评，也能观察出应试者的团队精神和协作能力，再结合应试者在团队精神和协作能力方面的心理测验结果，便可以对应试者的团队合作意识有一个较为全面的认识。

## （五）公文筐测验

公文筐测验是一种综合性更强的笔试，其结果多应用于对中、高层管理人员的选拔、考核和培训。公文筐测验也是一个情景模拟测验，在模拟的工作环境中，应试者将对提供给他们的多项材料（可能包括财务信息、人事备忘录、市场信息、法令公文、客户关系等）进行处理，形成公文处理报告。处理完毕后，被试者一般还被要求填写行为理由问卷来说明其处理的理由、原则和依据，如果有模糊之处，还需要进行面谈。通过这种测验可以评估应试者作为领导者的计划、组织、授权、决策和问题解决能力等多方面的管理潜质。公文筐测验操作方便，并且效度和信度都极高，其在领导干部和管理人员的选拔考评中被广泛应用，因此获得了管理理论界及企业界人士的高度重视。这种测试的针对性较强，并不适用于非管理人士的选拔和测评。

## （六）评价中心技术

评价中心并非是一种单一的方法，而是一种可以将多种人才评价方法结合在一起的技术。相比其他的评价方法对被评价者能力的评定，评价中心往往更关注被评价者未来的工作潜能。

评价中心技术主要应用于两方面，一是用于为组织挖掘和储备人才所进行的人员筛选，二是为员工职业发展计划而进行的对员工潜在能力的早期诊断。评价中心为人力资源管理系统提供了大量有价值的信息，而这些信息可以用于组织人员的招聘、选拔、培训、奖惩、评估等。

评价中心技术的优势在于其对于一系列情景的模拟，可以使评价者对被评价者的观察更加全面。被评价者在一系列的情景中体现出多种能力和行为模式，使评价者可以对被评价者的工作潜能和未来业绩进行判断。这一系列的安排都使得评价中心技术成为有效并且安全的人才评价方式。

### （七）考核法

考核法是一种对在职人员进行业绩考核的人才评价方法。在评价之前，评价者需要以成熟的工作分析和胜任力建模技术为根据，详细地描述各职位的任职要求和行为标准。然后通过一些方法，对员工在一定时期内履行职责的程度、行为、能力及相对应的工作业绩进行综合评价。考核法可以促进组织绩效的提高及综合实力的增强，从而达到组织和个人的共同发展。

### （八）履历分析法

履历分析法又称资历评价技术，是通过对被评价者的个人背景、学习、工作和生活经历进行分析，从而判断其对未来岗位适应性的人才评价方法。履历分析法作为一种相对独立于心理测验之外的方法，同时具有定性评定和定量测量的优点。并且其分析范围极广，不仅包括被评价者的人生经历和能力水平，还包括其人生观、价值观等。对这些信息进行分析可以对被评价者形成广泛、全面、细致的综合评价。

## 二、大数据对人才评价与管理的变革

在大数据环境下，无论是企业的微观人才评价与管理还是国家和政府的宏观人才评价与管理，都会受到不同程度的影响，甚至在管理思维上也发生了革命性的变革。在一定意义上，我们将告别"差不多先生"式的传统人事管理和"有限度"的人才信息管理，从而进入"大数据人才评价与管理"阶段。

近年来，随着信息、网络技术的发展，大数据已成为我们时代人才选拔和使用以及评价系统的一个特征。按照英国学者、牛津大学教授维克多·迈尔·舍恩伯格在其《大数据时代》一书中的说法，大数据时代的思维变革突出表现在三个方面：第一，不是随机样本，而是全体数据；第二，不是精确性，而是混杂性；第三，不是因果关系，而是相关关系。简言之，就是呈现出更多、更杂和更好三个变革维度。由此不难看出，数据化及其数据创新已经成为全球化、数字化过程中影响我国社会经济生活的一个重要因素，也成为人才评价变革和管理变革的新契机。

大数据化时代人才评价与管理的两个层次。一是宏观的国家和政府人才评价与管理方面的变化，例如可以在制订宏观人才评价与管理规划和进行福利制度整体设计或退休制度安排等方案的时候，尽可能全面地运用大数据来实施系统整合的管理策略，从而理性化地推进国家和政府的人事制度改革；二是在微观的企业、医院和大学等组织的人才评价与管理过程中，运用大数据的管理思维及方法，具体表现在特殊人才的招聘、培训与开发，以及绩效管理测评和处理劳资关系等问题上。例如，国内一流大学在引进长江学者、"973"首席科学家和其他杰出人才时，应在全球范围内的人才"大数据库"里加以遴选和聘用。这样做既可以避免做"井底之蛙"，还可以防止一些掌握人事权力的人以权谋私，随意聘任自己关系网里的"熟人"，促进国际一流大学人才间的流动。

大数据人才评价与管理思维的运用，有利于人才资源的合理配置，促进用人制度的信息化和科学化。大数据时代人才评价与管理数据很容易被"搜索"的事实表明，这既会得到更多的就业机会，也会造成个体职业生涯选择和规划的误判。必须意识到，在做最好的教育、职业和福利生活选择的同时，各种人才的命运也已经被数据化地捆绑在一起了。

因而，现代人一定要有主体意识和理性头脑。掌握人才评价与管理的风险和应对策略。风险或隐忧何在？一是让数据主宰一切，个人隐私和人才市场秘密存在被侵犯的可能性，大数据在造福人类和组织的同时也变成一种数据困扰；二是以自由提取为特征的信息管理，出现了过度控制和放弃责任的情形。应对的策略是什么？一是强化人才评价与管理数据的过滤、选择和复杂性系统管理；二是反对滥用大数据；三是加强对人才评价与大数据管理的责任意识。

我们欢迎大数据时代的到来，但人才评价与管理的理性和法制精神仍有存在的必要。

## 三、大数据在人才评价中的应用

现今，大数据已经被应用于社会生活、社会管理的许多方面。大数据的应用，往往通过两个方面，即对数据量的应用和对大数据技术的应用上。

### （一）对大数据数据量的应用

数据并非凭空而来。如果想用大数据加强人才评价，首先需要做的就是收集数据并建立人才数据库，包括建立人才电子档案。人才的电子档案并非仅仅是其个人履历的数字化，而应包括更加广泛和全面的信息。例如，历次重要的人才评价的结果。世界上所有的变化都是永恒的，人才也不是一成不变的。通过对比历次的人才评价结果，可以对人才评价活动的进步有更加完整的认识。这种变化的程度，可以作为衡量人才潜能和预测人才未来发展的指标。

人才电子档案不仅可以用于在时间轴上纵向对比，也可以用于与他人进行横向比较。没有比较的评价结果是毫无意义的。如果某一用人单位想在应聘者中选出最适合单位和岗位的人才，不仅需要对人才的经历进行纵向比较，更需要与其他应聘者进行横向比较。当然，用人才评价的哪些指标作为对比项，就取决于用人单位和具体岗位的需求了。用人单位数量庞大，岗位要求也五花八门，如何根据人才的已有信息进行筛选和二次计算分析则属于对大数据技术的应用。

建立人才数据库是一件漫长而复杂的工作，在人才数据库成型以前，用人单位可以通过社交网络平台发布招聘信息，将求职者的社交网络平台信息和求职信息联系在一起，建立潜在的人才数据库。即使在企业不进行招聘的时候，也可以坚持收集人才信息，在未来用人之际可以使用更加广泛的备选者信息，实现企业和求职者的"双赢"。

大数据还可以用于一些需要常模的心理测验。在网络如此发达的今天，很多人在网络上进行标准化的心理测验，以增加对自己能力和真实状态的认识。这些心理测量的结果既可以用于新的测验常模的形成，也可以通过网络来检测一个新的心理测验的信度和效度。一些投射测验也可以在网络上进行，收集的信息可以用来形成解读测验结果的指南，用以增加投射测验结果的客观性。

## （二）对大数据数据技术的应用

在人才数据库建立后，用人单位可以通过在数据库中进行搜索，提取相关信息用以履历分析，进行人才评价，还可通过分析以往的评价结果，对人才的当前潜能和未来结果进行预测。

如果说使用人才数据库中的数据进行搜索和分析，仅仅是使用了大数据的数据分析功能，那么对大数据技术的应用，还可以扩展到收集数据和整理数据的功能。例如心理测验，现在从网络上可以获得许多心理测验的信息，甚至直接在网络上进行测验。如果这些测验可以在计算机上进行，并达到与面对面测验同样的信度和效度，其结果依然有效，并且不需要专业测验者的参与。同时计算机也可以同时记录被试者的非文字信息，包括表情和动作等。这些也可以作为心理测验结果的补充，佐证其结果的准确性和丰富性。

不仅是定量的心理测验，一些定性的需要专业人士解读的测验结果，也可以通过机器学习的方法对投射测验的结果进行解读。公文筐测验同样可以应用大数据技术，应试者在计算机上分类和处理各类公文，并在计算机上书写公文处理报告，以及报告理由等。在被试者完成测试后，计算机根据自身多次学习到的分析经验对被试者的管理能力及未来潜能进行评估。这样可以降低公文筐测试及其结果分析的困难程度，因此可以推广到普通的职员中，从而评估出职员潜在的管理能力，进行有目的的人才培养。

### (三) 大数据人才评价的注意事项

大数据对人才评价有加强和优化作用，不管是在思维方面还是在技术方面。但是使用大数据的人才评价无法取代原有的人才评价方法。大数据无法解决所有问题，一些问题的解决，依然要靠多元化的方法与手段。

大数据无疑具有相当的优势，例如，可以快速有效地分析大量的数据，分析企业和求职者的需求。但是，人才评价的对象是人，数据分析的速度和精度并非是评价结果准确的保证。在人才评价中，永远没有最好的方法，只有最合适的方法。

自大数据开始兴起以来，人们就始终担心它的安全性。在大数据人才评价中，数据的安全性和个人信息的隐私保护也是值得关注的重点。企业对人才大数据的使用并不仅仅是对数据进行分析，也包括对数据的保护。如果人才数据发生泄露，可能会对人才的隐私造成伤害。而且通过大数据分析所得出的人才评价结果是否都具有准确性，是否会由于内容的不充足而使被评价者处于不公平的环境中等，这些都是大数据人才评价应该注意的问题。

以上列举的大数据对人才评价的升级，仅仅是一小部分。如今我国对于将大数据应用于人才评价方面的研究，数量还不足。换言之，大数据对人才评价的升级还有许多空间，需要学者们更进行深入的研究。

# 参考文献

[1]田斌.人力资源管理[M].成都:西南交通大学出版社,2019.

[2]祁雄,刘雪飞,肖东,等.人力资源管理实务[M].北京:北京理工大学出版社,2019.

[3]蔡黛沙,袁东兵,高胜寒.人力资源管理[M].北京:国家行政学院出版社,2019.

[4]何伉.人力资源法务指南[M].上海:上海社会科学院出版社,2019.

[5]柴勇.旅游人力资源管理[M].长沙:湖南大学出版社,2019.

[6]吕惠明.人力资源管理[M].北京:九州出版社,2019.

[7]陈锡萍,梁建业,吴昭贤.人力资源管理实务[M].北京:中国商务出版社,2019.

[8]刘燕,曹会勇.人力资源管理[M].北京:北京理工大学出版社,2019.

[9]曹科岩.人力资源管理[M].北京:商务印书馆.2019.

[10]李志.公共部门人力资源管理[M].重庆:重庆大学出版社,2019.

[11]张勤.大数据时代企业人力资源管理模式构建与机制创新研究[M].长春:吉林出版集团股份有限公司,2020.

[12]曹巍.地方高校大学生创业能力现状调查及创业教育质量评价研究[M].长春:吉林大学出版社,2020.

[13]叶云霞.高校人力资源管理与服务研究[M].长春:吉林大学出版社,2020.

[14]刘翔宇.动态环境下人力资源柔性能力的形成及作用机制研究[M].北京:知识产权出版社,2020.

[15]吕爽.大学生创新创业实务指导[M].北京:中国铁道出版社,2020.

[16]李连成,莫大鹏,付应明.现代医院管理制度全集:上[M].北京:中国言实出版社,2020.

[17]王志成.新生代员工的管理与激励[M].北京:知识产权出版社,2020.

[18]刘凤瑜.人力资源服务与数字化转型[M].北京:人民邮电出版社,2020.

[19]骞巍.大数据在现代企业管理中的应用研究[M].长春:吉林出版集团股份有限公司,2020.

[20]［美］F.W.泰勒.科学管理原理［M］.胡隆祖,译.北京:中国社会科学院出版社,1984.

[21]［美］爱尔文·戈德斯坦,凯文·伏特.组织中的培训［M］.常玉轩,译.北京:清华大学出版社,2002.

[22]熊怡."大数据"时代的人力资源管理创新［J］.中国电力教育,2014（6）:26.

[23]郑其绪,司江伟,张玲玲.人才评价［M］.青岛:中国石油大学出版社,2013.